I0538499

BESTACTIVITYBOOKS.COM

PREMIERE ÉDITION

Dépôt légal, 2022

Illustration Graphique Extra: www.freepik.com
Merci à Alekksall, Starline, Pch.vector, Rawpixel.com, Vectorpocket, Dgim-studio, Upklyak, Macrovector, Stockgiu, Pikisuperstar & Freepik.com Designers

5 ASTUCES POUR DÉMARRER !

1) COMMENT RÉSOUDRE LES MOTS MÊLÉS

Les puzzles sont dans un format classique :

- Les mots sont cachés sans espaces, tirets, ...
- Orientation : Les mots peuvent être écrits en avant, en arrière, vers le haut, vers le bas ou en diagonale (ils peuvent être inversés).
- Les mots peuvent se chevaucher ou se croiser.

2) UN APPRENTISSAGE ACTIF

Un espace est prévu à côté de chaque mots pour noter la traduction. Pour favoriser un apprentissage actif un **DICTIONNAIRE** à la fin de cette édition vous permettra de vérifier et étendre vos connaissances. Cherchez et notez les traductions, trouvez-les dans le Puzzle et ajoutez-les à votre vocabulaire !

3) MARQUEZ LES MOTS

Vous pouvez inventer votre propre système de marquage. Peut-être en utilisez-vous déjà un ? Sinon, vous pourriez, par exemple, marquer les mots qui ont été difficiles à trouver d'une croix, ceux que vous avez aimés d'une étoile, les mots nouveaux d'un triangle, les mots rares d'un diamant, etc...

4) STRUCTUREZ VOTRE APPRENTISSAGE

Cette édition vous offre un **CARNET DE NOTES** très pratique à la fin du livre. En vacances ou en voyage ou à la maison, vous pouvez facilement organiser vos nouvelles connaissances sans avoir besoin d'un second bloc-notes !

5) VOUS AVEZ FINI TOUTES LES GRILLES ?

Allez à la section bonus **CHALLENGE FINAL** pour trouver un jeu gratuit à la fin de cette édition !

Simple et Rapide ! Découvrez notre collection de livres d'activités pour votre prochain moment de détente et **d'apprentissage**, à juste un clic de distance !

Trouvez votre prochain défi sur :

BestActivityBooks.com/MonProchainLivre

À vos marques, prêts... Partez !

Saviez-vous qu'il existe environ 7 000 langues différentes dans le monde ? Les mots sont précieux.

Nous aimons les langues et avons travaillé dur pour créer les livres de la plus haute qualité pour vous. Nos ingrédients ?

Une sélection des thématiques d'apprentissage adaptée, trois belles parts de divertissement, puis nous ajoutons une cuillère de mots difficiles et une pincée de mots rares. Nous les servons avec soin et un maximum de plaisir pour vous permettre de résoudre les meilleurs jeux de mots mêlés qui soient et d'apprendre en vous amusant !

Votre avis est essentiel. Vous pouvez participer activement au succès de ce livre en nous laissant un commentaire. Nous aimerions vraiment savoir ce que vous avez préféré dans cette édition !

Voici un lien rapide qui vous mènera à la page d'évaluation de vos commandes :

BestBooksActivity.com/Avis50

Merci pour votre aide et amusez-vous bien !

De la part de toute l'équipe

1 - Adjectifs #2

I	O	Y	S	E	T	E	O	E	D	J	Z	O	G	H	L
P	R	O	D	U	K	T	I	V	L	R	L	G	M	C	I
L	Y	J	Y	G	W	Y	T	C	R	E	Ë	C	O	X	E
F	L	T	J	X	I	G	Z	V	Q	W	G	C	Y	F	S
A	L	D	R	A	M	A	T	I	S	C	H	A	H	Y	E
L	E	W	Ë	L	L	T	N	T	D	A	G	G	N	T	N
H	R	Y	X	U	Z	L	A	A	E	R	F	O	O	T	Q
C	U	U	E	O	I	A	S	E	S	A	N	P	E	R	P
S	T	O	L	Z	A	S	S	R	K	B	G	S	T	E	R
L	A	M	T	U	M	R	E	K	R	E	G	T	V	I	F
Y	N	Q	U	P	A	M	R	G	I	E	N	E	T	É	D
A	A	N	J	R	Q	D	E	R	P	G	E	R	Q	T	N
D	M	D	Q	Z	E	A	T	U	T	P	R	K	L	F	G
G	E	S	O	N	D	B	N	J	I	Z	M	P	X	I	T
R	X	X	Q	T	Y	S	I	W	V	Q	B	A	G	G	R
O	R	Z	R	E	S	P	O	N	S	A	B	L	E	P	C

LIESEN
BERUMT
KREATIV
DESKRIPTIV
GIFTÉIERT
DRAMATISCH
ELEGANT
STOLZ
STERK
INTERESSANT
NATURELL
NEI
PRODUKTIV
RENG
RESPONSABLE
GESOND
SALT
WËLLT
DRËCHT
SCHLAF

2 - Formes

K	J	S	F	P	K	A	N	T	E	A	R	C	H	O	X
T	T	X	E	O	O	C	T	V	R	B	B	W	R	G	H
V	U	Q	P	M	X	L	E	B	R	E	P	Y	H	L	T
U	P	R	B	G	W	E	Y	S	Ä	I	T	G	U	I	U
Q	N	E	G	S	T	K	X	G	H	V	B	H	U	R	Z
M	F	C	L	L	E	E	R	O	O	N	R	A	D	A	Q
M	U	H	U	L	O	E	W	O	E	N	K	K	J	M	A
C	T	T	A	S	T	I	N	C	L	A	V	O	U	H	E
S	K	E	I	B	L	R	M	X	L	Z	P	N	R	R	L
P	J	C	G	I	I	D	R	J	I	Y	N	Z	O	C	V
F	K	K	L	R	N	P	E	L	P	L	C	L	R	G	C
C	C	R	O	K	N	R	E	R	S	I	C	J	Y	C	Q
L	E	G	E	K	G	I	L	Z	M	N	Y	P	U	Q	Z
W	F	U	S	E	S	S	F	Q	Z	D	D	Z	A	G	F
Q	N	C	E	W	S	M	U	R	G	E	Q	G	P	X	X
N	Y	X	N	I	M	A	G	E	M	R	P	R	I	G	Z

ARC
KANTE
KREES
ECK
KURV
KEGEL
SÄIT
MEGAMINX
ZYLINDER
ELLIPS
HYPERBEL
LINN
OVAL
POLYGON
PRISMA
RECHTECK
DRIEEKEL

3 - Force et Gravité

M	K	N	Z	A	V	Y	B	G	G	D	S	F	L	W	O
E	R	T	N	E	C	I	C	X	A	R	V	H	E	G	H
C	B	F	A	X	E	Y	T	O	A	O	H	V	L	G	O
H	B	A	T	P	M	N	F	E	S	C	K	M	B	B	C
A	U	H	S	A	A	R	T	T	S	K	H	R	T	D	Q
N	N	C	I	N	G	E	I	D	V	S	P	Q	P	M	O
I	I	S	D	S	N	R	E	Y	E	P	E	K	T	I	R
K	V	E	R	I	E	A	Z	N	F	C	A	C	H	S	B
Y	E	G	A	O	T	H	X	W	M	F	K	Q	B	T	I
Y	R	E	A	U	I	L	T	F	K	X	P	U	O	Z	T
L	S	E	B	N	S	L	H	C	S	I	M	A	N	Y	D
K	E	R	G	X	M	I	C	A	V	O	G	C	C	G	G
D	L	E	Z	O	E	N	I	M	S	P	H	Y	S	I	K
N	L	K	C	P	R	Z	W	E	A	M	U	F	E	B	U
E	Y	K	Z	X	I	F	E	O	I	J	F	X	K	I	E
G	Z	Z	C	A	R	S	G	U	M	X	N	D	Q	B	Y

ACHS
CENTRE
ENTDECKUNG
DISTANZ
DYNAMISCH
EXPANSIOUN
MAGNETISME
MECHANIK
ORBIT
PHYSIK
GEWICHT
DROCK
EEGESCHAFT
ZEIT
UNIVERSELL
VITESSE

4 - Salle de Bains

I	U	B	A	U	P	Y	K	L	D	O	U	S	C	H	E
M	H	C	U	D	D	N	A	H	O	O	P	M	A	H	S
D	W	V	X	B	Y	K	Y	X	S	T	S	G	P	H	N
Z	C	G	Y	W	B	X	D	I	C	W	I	R	M	M	D
I	W	U	K	T	F	E	E	S	H	Q	N	O	B	W	H
W	A	A	S	S	E	R	L	X	W	R	P	G	N	S	T
S	P	A	W	E	C	K	D	S	A	R	S	D	T	P	F
O	G	X	Z	N	M	C	B	I	M	Q	T	A	Y	I	R
N	B	A	D	Y	P	Q	N	M	Z	N	M	M	L	E	O
H	R	S	S	L	W	P	A	R	F	U	M	P	E	G	Z
T	V	I	E	X	F	C	S	C	H	E	R	E	X	E	S
J	X	F	L	W	A	S	S	E	R	H	A	H	N	L	F
J	Z	U	Q	Q	L	X	W	C	I	O	Z	G	R	C	Y
Y	U	O	G	D	B	Y	X	A	Z	C	L	H	D	S	H
X	W	T	T	W	S	L	Q	W	X	U	A	N	K	Z	V
D	L	O	Q	Y	K	I	X	R	K	Y	Z	M	S	T	H

BAD
BUBBELS
SCHERE
DOUSCH
WAASSER
SCHWAMZ
LOTION
SPIEGEL
PARFUM
WASSERHAHN
SEEF
HANDDUCH
SHAMPOO
SPAWECK
WC
DAMP

5 - Adjectifs #1

H	B	S	P	N	E	V	I	T	K	A	B	A	E	T	G
C	D	S	C	O	B	G	I	L	J	L	A	T	X	X	A
B	Z	U	N	H	C	K	B	L	A	M	I	T	O	O	B
F	G	O	M	S	W	L	M	X	L	J	M	R	T	N	S
W	I	R	O	S	H	É	K	M	D	E	G	A	I	S	O
K	Z	G	D	Y	C	O	I	J	R	V	N	K	S	C	L
O	I	U	E	Y	K	H	M	E	T	S	O	T	K	H	U
O	E	I	R	V	S	N	É	S	R	W	J	I	I	O	T
X	G	G	N	P	I	M	O	I	G	I	Y	V	T	L	K
A	R	O	M	A	T	I	S	K	N	C	O	G	S	T	E
Q	H	C	I	F	N	T	D	S	F	H	C	U	I	E	F
R	E	Z	E	J	E	M	Ë	S	C	T	Z	N	T	K	R
L	W	E	B	P	D	O	N	W	Q	E	G	M	R	R	E
U	Y	V	C	R	I	J	N	V	V	G	W	D	A	H	P
P	D	O	B	É	I	S	C	H	T	N	W	A	X	R	B
H	F	B	N	W	C	Z	N	J	O	L	U	E	S	U	H

ABSOLUT
AKTIV
EHRGEIZIG
AROMATISK
ARTISTIK
ATTRAKTIV
SCHÉIN
EXOTISK
GROUSS
VILLEN
ÉISCHT
IDENTISK
WICHTEG
ONSCHOLT
JONG
LUES
SCHWÉIER
DËNN
MODERN
PERFEKT

6 - Instruments de Musique

Z	O	M	K	W	B	K	A	W	P	C	T	T	D	F	M
K	I	T	L	R	A	C	M	Z	X	H	P	T	R	L	A
I	P	A	A	A	S	O	N	A	I	P	A	D	U	O	R
G	R	M	R	L	S	G	O	N	G	T	R	R	M	L	I
P	A	B	I	C	P	K	I	I	A	R	R	A	F	L	M
U	D	U	N	U	O	O	S	N	V	O	T	T	C	E	B
Y	A	R	E	O	S	R	S	A	R	M	W	I	J	C	A
B	F	I	T	B	A	A	U	Y	T	P	Z	G	C	O	S
H	A	N	T	O	U	P	K	Z	H	E	I	A	C	B	K
B	T	S	A	E	N	N	R	H	D	T	K	Q	Y	K	K
K	D	X	S	R	E	U	E	U	R	P	V	I	A	E	N
T	A	R	P	U	J	A	P	T	A	K	Y	D	Y	R	N
T	T	Q	Y	V	N	L	M	A	N	D	O	L	I	N	E
G	V	J	Y	Z	Y	F	P	L	Y	F	Y	B	R	W	M
N	E	B	U	A	R	H	C	S	L	H	O	H	H	T	O
P	B	I	S	A	X	O	P	H	O	N	Y	K	A	J	C

HOHLSCHRAUBEN
BASSUN
KLARINETT
FL
GONG
GITAR
HARFE
OBOE
MANDOLINE
MARIMBAS
PERKUSSION
PIANO
SAXOPHON
DRUM
TAMBURIN
BASSPOSAUNE
TROMPET
GEI
CELLO

7 - Échecs

D	H	B	S	Y	O	P	Z	Y	X	V	X	K	I	D	Q
T	F	X	T	Q	N	E	L	E	G	E	R	E	D	V	G
S	F	Q	R	E	F	D	S	R	I	F	Q	N	U	A	J
C	V	Q	A	C	B	I	H	Q	S	T	S	G	N	A	L
H	J	C	T	X	J	Y	J	U	X	P	X	S	N	A	F
W	P	Z	E	B	K	O	R	E	N	G	I	É	G	T	U
A	M	R	G	M	R	Y	O	E	L	D	I	L	S	K	Y
A	I	V	I	S	S	A	P	N	S	Y	F	D	L	R	V
R	O	X	E	C	H	A	M	P	I	O	N	B	H	E	F
Z	N	Q	P	S	S	I	Ä	W	L	J	K	I	I	K	R
J	I	Z	V	V	P	P	A	P	P	H	S	F	Z	U	N
N	J	P	E	H	P	I	O	N	R	U	O	T	K	G	Q
Z	C	Q	E	A	Y	K	L	C	O	N	C	O	U	R	S
P	Y	B	S	P	Z	R	L	L	A	N	O	G	A	I	D
M	V	E	E	P	V	Q	U	T	Y	T	Q	O	H	E	F
W	O	E	J	Y	N	E	P	G	E	I	X	R	L	K	U

GÉIGNER
WÄISS
CHAMPION
CONCOURS
DIAGONAL
SPILL
SPILLER
SCHWAARZ

PASSIV
QUEEN
REGELEN
KENG
DUNN
STRATEGIE
ZEIT
TOURNOI

8 - Herboristerie

W	X	X	O	M	R	T	B	V	C	Q	G	L	Q	F	M
C	U	Y	U	R	Y	F	L	P	I	U	P	A	V	E	A
R	Y	K	U	M	R	U	O	R	P	A	S	V	H	N	J
K	Y	S	K	E	P	R	E	M	X	L	G	E	S	C	O
S	G	A	C	S	Y	G	M	Z	D	I	R	N	A	H	R
R	O	S	M	A	R	I	N	F	L	T	É	D	R	E	A
M	E	E	Q	G	A	T	E	Y	L	É	N	E	O	L	N
Z	I	M	B	J	N	B	D	M	E	I	G	L	M	S	O
W	L	N	J	E	I	A	R	B	I	T	O	A	A	A	G
F	I	Y	Z	P	L	S	A	L	Z	H	B	T	T	M	A
G	S	M	S	E	U	I	G	E	I	Z	T	N	I	E	R
J	R	U	X	R	K	L	F	D	F	C	G	E	S	N	T
Y	E	E	U	H	W	I	U	Z	E	R	M	I	K	S	S
X	T	H	T	B	E	K	R	M	N	M	I	F	B	H	E
K	E	L	E	W	E	U	N	K	E	P	E	A	I	Z	U
G	P	K	W	J	I	M	K	L	B	N	H	S	U	O	G

KNUEWELEK
AROMATISK
BASILIKUM
BENEFIZIELL
KULINARY
ESTRAGON
FENCHELSAMEN
BLOEM
UM
GARDEN
LAVENDEL
MAJORAN
MINZE
PETERSILIE
QUALITÉIT
ROSMARIN
SAFIENTAL
GOUS
THIMEI
GRÉNG

9 - Véhicules

W	U	M	U	B	K	H	T	B	O	O	T	B	U	N	N
X	H	O	O	L	S	E	I	R	E	L	L	O	R	C	L
S	P	T	D	N	Y	L	É	E	A	E	S	T	S	X	R
L	Q	O	C	I	Y	I	K	I	D	K	B	U	S	N	X
C	X	R	T	E	V	K	A	É	S	B	T	A	W	X	C
K	J	H	P	W	J	O	R	L	U	J	N	O	Z	U	M
B	G	A	U	E	H	P	H	F	P	C	U	D	R	Y	L
Z	F	H	H	R	N	T	A	K	Z	H	X	J	L	J	O
E	X	H	P	O	U	E	L	F	K	Y	X	X	C	R	O
D	L	Y	R	L	V	R	T	P	T	E	I	M	G	P	S
G	W	T	D	L	R	E	V	Z	U	C	H	O	K	T	L
D	H	O	Z	W	S	X	E	F	O	I	Z	M	U	R	I
U	I	G	S	J	Q	J	N	L	Y	D	R	K	G	U	S
B	E	V	Ë	L	K	E	R	U	N	G	E	X	C	C	M
K	R	A	N	K	E	N	W	A	G	E	N	E	A	K	F
P	N	E	U	E	N	E	T	T	O	L	U	O	R	T	F

KRANKENWAGEN
FLÉIER
BUS
TRUCKT
ROULOTTEN
BEVËLKERUNG
RAKÉIT
HELIKOPTER
BUNN
MOTOR
PNEUEN
DEE
ROLLER
BOOT
NIEWEROLL
TRAKTOR
ZUCH
VEEL
AUTO

10 - Camping

Z	T	U	J	H	R	T	B	Y	D	K	U	X	O	R	F
T	P	K	A	L	N	R	G	Q	O	A	N	F	B	W	D
F	Q	E	C	E	M	L	X	H	E	A	J	V	H	A	S
L	B	P	H	W	W	S	Z	R	F	R	X	I	W	Z	E
P	E	X	T	L	E	Z	N	W	L	T	M	C	W	G	P
R	I	Y	Z	N	N	A	K	A	F	N	P	J	R	Y	E
E	R	U	T	N	E	V	A	U	T	K	K	C	M	V	C
M	W	R	E	I	É	D	L	A	W	U	G	G	R	Q	N
P	Q	I	U	B	É	M	E	E	B	B	R	E	V	F	C
I	F	F	H	A	R	S	E	Q	I	R	E	Z	Q	O	S
R	N	L	T	K	E	P	S	Q	S	Z	I	F	L	C	T
A	L	S	W	Y	Q	A	I	H	V	O	B	L	F	R	X
J	O	N	E	K	Y	S	S	A	P	M	O	K	D	F	V
S	X	I	Y	K	L	S	M	O	U	N	T	L	N	B	E
I	K	Y	W	C	T	H	Ä	N	G	E	M	A	T	T	E
N	U	K	I	L	U	X	A	Q	O	B	P	X	V	T	L

SPASS
DÉIER
BEEM
AVENTURE
KOMPASS
KABINN
KANN
KAART
HUET
JACHT

SEEL
FIR
WALD
HÄNGEMATTE
INSEKT
SÉI
MOUNT
BIERG
NATUR
ZELT

11 - Géométrie

S	S	A	M	Q	Z	X	F	H	E	B	Y	M	D	U	L
O	Y	N	C	C	J	U	H	C	Q	E	T	E	I	N	J
H	S	M	U	V	Y	J	E	Ä	U	R	H	D	M	D	J
Y	É	L	M	L	Y	G	F	L	A	E	E	I	E	E	K
Y	U	I	K	E	A	G	S	F	T	C	O	A	N	E	N
B	Z	E	C	K	T	V	Y	R	I	H	R	N	S	L	M
R	L	T	G	H	R	R	K	E	O	N	I	E	I	A	B
K	F	G	Z	V	T	U	I	W	U	I	E	P	O	Y	L
E	K	K	L	Q	U	K	G	E	N	N	Z	Y	U	M	L
S	E	G	M	E	N	T	O	U	C	G	U	N	N	M	E
E	X	B	G	I	A	L	L	D	R	I	E	E	K	E	L
E	L	A	K	I	T	R	E	V	V	E	N	K	G	G	L
R	U	A	V	E	H	X	G	K	L	B	G	L	L	H	A
K	Q	G	T	E	X	V	N	W	W	W	M	U	Q	N	R
V	U	O	Y	V	Q	W	E	T	I	U	P	L	W	G	A
D	U	E	R	C	H	M	I	E	S	S	E	R	X	B	P

ENGEL
BERECHNING
KREES
KURV
DUERCHMIESSER
DIMENSIOUN
EQUATIOUN
HÉICHT
LOGIK
MASS

MEDIANE
ZUEL
PARALLEL
UNDEEL
SEGMENT
UEWERFLÄCH
SYMMETRIE
THEORIE
DRIEEKEL
VERTIKAL

12 - Diplomatie

B	I	E	R	G	E	R	O	A	L	I	C	X	A	Z	C
G	R	L	A	T	R	Y	P	U	K	N	A	H	M	F	O
P	L	Ë	S	C	H	T	L	S	J	T	D	W	B	Y	N
G	O	E	E	F	C	Y	É	L	K	E	B	R	A	I	S
X	L	L	A	E	X	K	I	Ä	N	G	A	I	S	N	E
W	L	M	I	N	R	A	S	N	P	R	M	W	S	X	I
G	L	R	F	T	Y	S	U	N	H	I	B	B	A	B	L
E	T	H	I	K	I	Z	N	E	D	T	A	E	D	N	L
R	N	W	U	U	M	K	G	R	T	É	S	B	E	R	E
T	E	E	H	R	E	H	C	É	S	I	S	V	U	R	R
T	M	G	G	E	M	E	N	G	L	T	Y	R	R	N	A
R	U	E	E	D	I	P	L	O	M	A	T	I	S	C	H
A	K	T	C	R	K	O	N	F	L	I	K	T	Q	F	B
T	O	N	U	O	I	S	S	U	K	S	I	D	P	M	R
É	D	I	H	K	E	N	D	B	Y	I	U	E	O	G	O
I	G	L	T	E	E	K	G	E	T	H	C	E	R	E	G

AMBASSY
AMBASSADEUR
BIERGER
GEMENG
KONFLIKT
CONSEILLER
DIPLOMATISCH
DISKUSSIOUN
ETHIK
AUSLÄNNER
REGERING
DOKUMENT
INTEGRITÉIT
GERECHTEGKEET
POLITIK
OPLÉISUNG
SÉCHERHEET
LËSCHT
TRATÉI

13 - Astronomie

S	R	U	N	B	L	L	S	A	K	E	M	X	O	T	N
K	A	K	N	O	O	G	U	S	O	C	O	O	O	C	C
I	L	T	E	N	A	L	P	T	S	L	N	N	U	G	X
A	O	J	C	J	Y	R	E	R	M	I	O	I	U	N	O
I	S	P	C	Z	E	A	R	O	O	P	R	U	N	U	T
F	J	T	U	W	K	K	N	N	S	S	T	Q	I	O	U
K	B	W	E	F	X	É	O	A	A	E	S	E	V	I	U
G	L	T	Q	R	I	I	V	U	M	N	A	W	E	T	K
N	E	B	E	L	O	T	A	T	L	I	C	C	R	A	D
D	M	Q	D	P	Z	I	U	X	R	N	H	B	S	V	T
P	M	B	V	P	L	D	D	R	E	Ä	A	J	U	R	G
G	I	X	O	G	A	L	A	X	Y	Q	A	B	M	E	O
Z	H	P	H	W	L	S	M	K	M	G	M	Y	V	S	P
K	Z	T	K	Q	S	E	F	Q	Z	V	E	P	P	B	I
M	E	T	E	O	R	U	N	Z	Q	K	K	A	A	O	M
D	B	D	T	K	K	G	K	S	T	R	A	L	I	N	G

ASTEROID
ASTRONAUT
ASTRONOM.
HIMMEL
KOSMOS
ECLIPSE
EQUINOX
RAKÉIT
GALAXY
MOUNT
METEOR
NEBEL
OBSERVATIOUN
PLANET
STRALING
SAT
SOLAR
SUPERNOVA
ÄERD
UNIVERSUM

14 - Physique

A	F	B	Q	E	Z	T	P	N	Q	W	Q	G	T	L	W
D	J	C	W	I	N	P	A	Z	L	O	M	N	A	D	M
C	Y	E	M	C	A	O	R	F	F	T	A	V	Y	Q	E
F	O	R	M	E	L	E	T	I	É	T	I	V	A	R	G
Q	G	Z	G	A	Z	U	I	Z	W	E	E	C	Y	F	P
M	L	C	M	V	K	J	K	V	I	T	E	S	S	E	F
Z	A	K	U	H	C	S	E	M	E	H	C	X	K	C	L
W	X	S	S	A	G	L	L	E	S	R	E	V	I	N	U
Y	Z	H	S	D	I	C	H	T	A	T	O	M	N	E	K
M	N	U	K	L	Ä	R	I	I	G	Z	Y	M	A	L	E
M	O	Y	E	M	C	J	T	N	N	Z	J	G	H	E	L
E	Z	T	B	Y	L	V	Z	Z	W	V	V	X	C	K	O
R	K	A	O	M	A	G	N	E	T	I	S	M	E	T	M
M	K	O	G	R	O	E	Q	Q	M	R	L	E	M	R	F
F	R	E	Q	U	E	N	Z	C	H	A	O	S	Y	O	E
E	F	R	E	L	A	T	I	V	I	T	É	I	T	N	Y

ZWEE
ATOM
CHAOS
CHEMESCH
DICHT
ELEKTRON
FORMEL
FREQUENZ
GASS
GRAVITÉIT
MAGNETISME
MASS
MECHANIK
MOLEKUL
MOTOR
NUKLÄR
PARTIKEL
RELATIVITÉIT
UNIVERSELL
VITESSE

15 - Types de Cheveux

S	M	S	L	J	Y	D	J	S	J	C	D	N	O	L	B
C	Ë	C	J	A	D	R	O	L	F	X	N	S	P	H	R
H	L	H	L	H	O	Ë	Y	T	L	S	O	J	B	A	O
W	L	N	E	T	H	C	E	L	F	K	S	V	U	K	N
A	H	Ë	C	L	O	H	D	E	C	K	E	I	F	B	G
A	V	T	A	L	G	T	T	S	U	R	G	J	Ä	G	N
R	C	T	W	N	T	G	K	U	R	L	E	N	W	W	A
Z	K	U	Z	Z	F	R	S	Q	C	T	Z	A	I	A	L
A	K	W	R	M	X	O	D	E	H	X	A	E	H	F	Q
L	B	U	L	L	M	D	F	G	K	X	R	W	T	V	C
M	J	P	B	K	E	T	Ë	S	X	U	L	R	A	X	Z
U	A	Y	U	A	L	G	R	N	P	C	K	F	G	D	Q
C	T	R	J	Z	N	G	I	F	N	D	R	D	R	H	K
L	U	M	Y	U	C	O	H	X	K	O	R	T	T	J	D
Y	Z	C	V	W	L	L	H	F	B	X	R	Z	I	J	P
N	N	S	U	Y	M	O	V	Z	L	F	O	L	Z	F	D

WÄISS
BLOND
KURLEN
SCHNËTT
KAHL
KORT
MËLL
DECK
CURLEG

GRO
GLAT
LANG
BRONG
DËNN
SCHWAARZ
GESOND
DRËCHT
FLECHTEN

16 - Archéologie

N	C	U	Y	K	V	B	U	L	G	A	C	R	R	X	S
J	O	W	W	F	H	V	D	L	E	P	M	E	T	X	Z
M	Z	K	A	C	V	Q	K	I	G	L	S	H	K	M	I
D	W	A	O	R	A	Y	Q	U	E	T	K	C	H	I	V
A	H	N	P	M	R	F	N	B	N	D	E	S	C	O	I
O	A	T	O	X	M	Z	R	F	S	A	L	R	E	Q	L
H	C	I	L	E	R	E	G	A	T	Y	E	E	L	M	I
X	V	Q	Q	Y	X	P	N	R	G	R	T	U	H	Y	S
V	E	U	N	C	F	V	D	G	J	M	T	F	C	S	A
F	R	I	J	T	Z	O	D	V	Z	A	E	U	Ä	T	T
P	G	T	R	E	P	X	E	N	P	E	G	N	S	E	I
L	I	Ä	P	L	I	W	H	W	A	T	I	B	T	R	O
Ä	E	T	O	N	B	E	K	A	N	N	T	I	P	I	U
R	S	Y	L	A	N	A	N	J	K	I	C	T	A	E	N
A	S	V	Z	I	N	U	O	I	T	A	U	L	A	V	E
T	M	K	F	A	M	N	C	L	Y	W	H	E	H	Y	T

ANALYS
ANTIQUITÄT
FUERSCHER
ZIVILISATIOUN
NOKOMMEN
EXPERT
ÄRA
TEAM
EVALUATIOUN
HAAPTSÄCHLECH
FRAGMENT
ONBEKANNT
MYSTERIE
GEGENST
SKELETT
VERGIESS
RELICH
TEMPEL
GRAF

17 - Mammifères

Z	N	Z	G	X	U	F	J	B	T	Q	M	A	Y	M	X
E	J	U	H	P	R	P	G	D	M	M	W	H	W	K	G
B	Z	M	Z	G	S	G	E	L	K	B	F	U	C	H	S
R	N	T	A	T	C	U	Y	U	E	A	U	R	J	C	Y
A	U	Q	U	I	H	C	V	A	U	F	E	Q	E	R	G
X	R	E	G	I	T	Z	C	S	E	G	M	V	N	E	O
A	U	L	L	U	B	W	A	L	S	J	J	I	A	Z	R
B	G	E	R	P	L	U	L	Z	S	X	U	F	P	M	I
P	N	F	A	H	C	O	H	N	S	A	K	X	Z	A	L
W	Ä	A	N	Y	O	L	D	U	N	T	C	Z	Z	G	L
O	K	N	E	R	Ä	B	E	G	E	B	X	P	H	I	A
L	L	T	M	I	S	Q	X	R	W	T	D	Y	S	R	B
F	K	Y	O	K	N	W	K	D	R	E	Ä	P	C	A	C
Q	U	C	N	D	O	V	P	N	D	G	P	G	H	F	L
A	Q	O	T	M	H	E	T	O	J	O	K	K	A	F	A
K	A	Z	B	D	E	L	P	H	I	N	G	J	F	A	U

WAL
KAZ
PÄERD
HOND
KOJOTE
DELPHIN
ELEFANT
GIRAFF
GORILLA
KÄNGURU
HUET
LOUW
WOLF
SCHAF
GEBÄREN
FUCHS
AF
BULL
TIGER
ZEBRA

18 - Sports

X	S	M	U	A	R	S	S	E	N	T	I	F	T	N	S
D	T	S	U	R	T	O	R	E	N	N	Ë	W	E	G	A
E	A	X	P	B	H	R	S	X	R	P	K	Q	A	F	B
L	D	R	Q	I	L	E	A	A	F	I	C	X	M	P	W
S	I	C	L	T	J	L	E	I	B	U	W	E	S	K	F
G	O	A	V	T	A	L	I	M	N	E	Y	W	I	A	C
N	N	R	P	E	M	I	G	Z	P	E	U	U	E	S	U
U	V	A	Z	R	G	P	T	O	H	U	R	B	B	R	Y
G	L	R	R	J	I	S	L	G	L	L	I	P	S	Y	A
E	I	S	H	O	C	K	E	Y	L	F	N	F	M	P	T
W	W	M	L	U	Y	C	C	C	A	A	P	Q	T	E	H
E	U	F	E	O	B	E	S	D	B	K	C	L	H	W	L
B	Q	R	T	K	B	B	R	D	E	D	B	N	A	M	E
Y	M	W	D	Z	T	A	L	P	S	I	N	N	E	T	T
B	A	S	K	E	T	W	W	B	A	L	L	K	U	G	Z
B	R	A	O	G	D	C	Z	W	B	O	B	G	T	V	N

ARBITTER
ATHLET
BASEBALL
BASKET
TRAINER
TEAM
GEWËNNER
GOLFPLATZ
FITNESSRAUM
ERIWWER.
EISHOCKEY
SPILL
SPILLER
BEWEGUNG
STADION
TENNISPLATZ

19 - Chocolat

E	P	S	J	B	M	I	C	V	X	S	J	U	L	I	I
Q	X	V	C	K	K	I	H	F	U	D	S	O	W	O	V
U	R	O	R	N	Q	A	R	H	M	I	D	Z	M	I	X
A	E	E	T	E	D	L	K	K	B	C	V	I	X	E	G
L	S	Y	I	I	U	B	T	A	S	É	I	S	U	O	G
I	C	R	R	R	S	M	P	S	O	O	N	K	I	H	N
T	H	A	O	O	D	K	U	X	T	D	N	A	E	D	B
É	T	T	V	L	C	Y	D	Q	P	X	F	R	V	D	E
I	Q	D	A	A	C	M	A	D	Z	W	K	A	X	C	J
T	Y	A	F	K	L	E	S	C	H	T	O	M	F	M	V
H	X	V	K	T	R	R	O	N	B	L	K	E	O	U	J
Z	R	Q	H	A	R	E	K	C	U	Z	O	L	N	I	Z
K	N	G	L	X	C	J	H	Y	E	P	S	Y	D	Q	T
Q	L	S	Z	D	W	K	K	F	W	F	F	V	U	B	A
T	X	D	W	X	E	V	X	M	S	G	U	E	E	H	P
E	R	D	N	U	S	S	A	Q	Z	F	F	K	V	E	Y

JEREMY
ERDNUSS
KAKAO
KALORIEN
KARAMEL
LESCHT
SÉIS
EXOTISK
FAVORIT
FONDUE
UM
KOKOS
QUALITÉIT
RESCHT
GOUS
ZUCKER

20 - Mythologie

R	K	W	F	B	H	P	O	R	T	S	A	T	A	K	R
S	X	W	N	E	G	N	U	G	U	E	Z	R	E	B	A
E	S	I	K	P	X	L	L	J	K	E	G	M	W	E	C
I	Y	S	S	J	D	A	P	V	C	C	X	Z	J	Y	H
S	X	H	H	T	W	B	I	I	R	H	E	G	S	P	E
U	C	R	J	W	S	Y	V	V	M	E	M	W	A	E	U
O	U	H	F	I	N	R	K	L	J	C	T	F	A	R	K
L	A	C	A	J	C	I	M	W	M	N	A	M	T	P	T
A	I	E	T	F	U	N	A	V	E	R	H	A	L	E	S
J	Y	U	A	A	U	T	R	H	R	U	T	A	E	R	K
C	W	S	Q	J	X	N	Q	G	E	T	T	Ë	L	B	H
K	J	X	V	G	T	U	G	E	L	L	J	Y	X	C	I
K	R	I	E	G	E	R	A	B	S	U	D	J	N	W	M
A	R	C	H	E	T	Y	P	P	P	K	T	R	J	V	M
M	O	N	S	T	E	R	E	N	N	O	D	L	Q	A	E
X	M	Q	S	G	D	V	S	M	Q	V	A	A	E	E	L

ARCHETYP
KATASTROPH
HIMMEL
VERHALE
SCHAFUNG
KREATUR
BERZEUGUNGEN
KULTUR
BLËTT
KRAFT
KRIEGER
HELD
JALOUSIE
LABYRINT
SEECHE
MONSTER
SPAWECK
DONNER
RACHE

21 - Restaurant #2

L	S	L	H	G	Q	G	F	D	G	A	F	I	Q	S	E
Y	E	R	I	F	N	E	I	I	D	O	C	B	Q	X	R
G	H	S	I	Ä	U	M	S	N	V	U	H	Z	L	A	D
G	Z	F	C	X	G	É	C	E	H	D	S	L	K	A	K
J	S	B	A	H	C	I	H	R	E	S	S	A	A	W	Z
G	A	C	K	Y	T	S	W	A	T	E	R	S	I	K	O
C	L	K	S	H	A	T	H	C	S	Ë	L	A	G	Z	P
X	A	U	A	E	E	G	E	U	R	T	G	B	Q	K	P
V	T	O	X	C	Y	O	U	H	L	H	W	O	W	R	E
B	R	V	K	V	H	O	N	C	C	I	R	C	Z	M	R
N	A	Z	T	A	P	E	K	B	Y	S	M	S	Z	Ë	X
V	R	F	O	K	C	Y	N	A	Z	N	R	S	K	T	C
I	D	H	X	A	M	D	L	M	E	L	T	O	H	T	O
S	E	L	D	Y	P	F	R	N	D	O	Z	G	F	E	E
F	R	U	U	C	H	T	G	I	E	S	S	Q	E	E	U
J	T	K	O	V	S	K	Y	R	Z	E	N	A	O	K	H

HL
LËSCHT
MËTTE
LESCHT
DINER
WAASSER
RZEN
FORSCHETT
FRUUCHT GIESS
KACHEN
ÄIS
GEMÉIS
FISCH
SALAT
SALZ
WATER
ZOPP

22 - Beauté

S	E	L	E	G	A	N	Z	G	X	K	W	B	D	N	D
L	C	X	L	M	M	K	I	W	C	O	I	T	F	D	J
I	C	H	W	A	D	X	M	X	K	S	M	L	D	U	L
P	H	L	E	K	U	R	L	E	N	M	P	C	T	D	U
P	A	G	F	R	G	N	A	D	E	E	E	U	O	U	E
E	R	D	O	T	E	P	M	Z	C	T	R	M	M	F	L
N	M	N	Z	M	H	A	U	T	I	I	N	Z	J	T	E
S	E	R	I	P	Y	S	R	R	V	K	T	A	L	G	G
T	S	I	L	Y	T	S	K	H	R	B	U	Q	Q	A	A
I	X	K	O	F	O	T	O	G	E	N	S	Y	M	N	N
F	Z	C	O	Y	F	A	B	H	S	J	C	G	N	A	T
T	H	F	P	Y	G	A	G	J	U	T	H	X	B	Y	V
P	F	K	M	B	T	N	R	M	D	C	E	N	K	I	O
P	O	R	A	C	J	M	A	B	C	R	Z	X	Y	D	D
N	Y	Y	H	I	N	G	P	B	I	C	Y	A	Z	G	I
W	X	M	S	P	I	E	G	E	L	G	W	X	H	T	Y

KURLEN
CHARME
SCHERE
KOSMETIK
FARBIG
ELEGANZ
ELEGANT
GNADE
GLAT
WIMPERNTUSCHE
SPIEGEL
DUFT
HAUT
FOTOGEN
LIPPENSTIFT
SERVICE
SHAMPOO
STYLIST

23 - Avions

H	R	Q	T	H	B	P	N	W	A	N	N	O	H	R	G
Q	É	E	P	B	I	R	S	Z	Z	X	Q	F	Y	I	I
L	E	I	N	J	Y	M	E	I	X	P	R	S	D	C	Y
F	R	R	C	U	R	N	M	N	U	X	P	T	Q	H	N
E	U	O	X	H	P	H	D	E	N	W	K	I	L	T	W
X	T	T	O	K	T	G	J	E	L	S	Y	G	O	U	B
I	N	S	H	Ö	C	H	T	D	G	G	T	V	F	N	A
X	E	I	L	A	N	D	U	N	G	F	F	O	T	G	U
W	V	H	T	U	R	B	U	L	E	N	Z	W	F	D	I
W	A	A	S	S	E	R	S	T	O	F	F	J	R	F	R
D	V	X	D	L	N	I	F	K	P	T	V	Z	B	C	O
M	O	T	O	R	E	I	G	A	S	S	A	P	A	R	H
R	A	O	A	T	M	O	S	F	Ä	R	G	D	L	E	C
C	L	L	P	R	O	P	E	L	L	E	R	Y	L	W	O
Z	F	I	T	H	B	A	R	N	T	M	I	U	O	E	T
K	D	P	Q	B	N	K	T	W	P	Q	T	T	N	D	O

LOFT
HÖCHT
ATMOSFÄR
LANDUNG
AVENTURE
BALLON
BRENNSTOFF
HIMMEL
BAU
OFSTIG

RICHTUNG
CREW
HÉICHT
PROPELLER
HISTORIE
WAASSERSTOFF
MOTOR
PASSAGIER
PILOT
TURBULENZ

24 - Aventure

F	R	E	E	D	E	L	I	Z	A	R	H	N	L	Z	K
S	C	H	Ä	F	F	E	Ë	Z	S	U	O	P	P	N	P
Z	S	A	R	A	O	A	E	T	H	Y	S	T	I	N	U
N	A	T	U	R	K	L	U	E	Z	X	R	F	V	G	S
N	S	I	S	C	U	T	S	I	G	E	B	O	L	N	Y
Ë	O	N	G	H	G	G	I	R	E	X	B	B	H	U	E
R	V	E	T	D	H	D	B	V	Y	F	I	U	Q	B	G
F	K	I	M	H	N	B	H	S	I	C	K	P	E	X	S
K	K	M	I	Z	S	A	F	E	Q	T	D	E	Z	R	X
H	C	I	M	O	E	Z	Y	K	C	Q	É	B	P	N	G
O	C	A	W	B	L	J	R	C	G	J	R	I	R	G	O
Z	H	C	E	L	N	I	É	W	E	G	N	O	T	O	Z
L	A	S	M	V	I	R	B	E	R	E	E	D	U	N	G
W	N	S	C	H	O	O	N	H	E	I	D	G	C	W	X
U	C	S	C	H	W	I	E	R	I	G	K	E	I	T	J
T	E	M	H	S	V	G	E	F	F	E	R	F	B	G	Z

AKTIVITÉIT
FRËNN
SCHOONHEID
CHANCE
GEFFER
ZIL
SCHWIERIGKEIT
AUSFLUG
ONGEWÉINLECH
SCHÄFFE
FREED
NATUR
LËTZEBUERG
NEI
VIRBEREEDUNG
SAFE

25 - Ville

K	Q	T	S	B	H	U	Q	S	B	E	Z	F	F	M	R
P	F	H	C	Z	S	J	Z	T	I	E	X	T	L	K	U
O	Q	E	H	Q	P	Z	F	A	B	T	K	R	O	S	O
H	T	A	O	N	I	K	R	D	L	L	T	X	R	P	M
S	V	T	U	A	Y	E	G	I	I	M	Q	T	I	W	S
K	P	E	L	E	T	O	H	O	O	Z	R	P	S	W	X
O	N	R	I	T	A	R	D	N	T	I	I	U	T	L	Y
O	G	L	Z	V	K	N	A	U	E	I	R	E	L	A	G
B	Ä	C	K	E	R	E	I	A	K	K	L	I	N	I	K
A	C	M	W	T	I	N	H	J	M	U	E	S	U	M	K
P	N	G	K	W	F	S	P	Ä	I	C	H	E	R	E	N
D	Q	U	N	I	V	E	R	S	I	T	É	I	T	I	A
I	I	P	C	S	U	P	E	R	M	A	R	K	T	N	B
K	Q	X	D	I	A	I	E	R	Q	O	E	B	D	T	L
T	N	A	A	J	C	O	Z	P	N	F	K	V	W	Y	M
N	V	Y	F	L	U	C	H	H	A	F	E	N	J	N	K

FLUCHHAFEN
BANK
BIBLIOTEK
BÄCKEREI
KINO
KLINIK
SCHOUL
FLORIST
GALERIE
HOTEL
BOOKSHOP
SPÄICHEREN
MAART
MUSEUM
APDIKT
STADION
SUPERMARKT
THEATER
UNIVERSITÉIT
ZOO

26 - Ingénierie

D	N	T	H	C	S	Ë	L	F	S	G	K	N	S	C	Z
X	I	F	Y	D	X	E	U	U	N	D	R	I	F	F	W
N	U	A	D	E	B	B	E	R	E	C	H	N	I	N	G
I	Z	R	G	M	I	E	S	S	U	N	G	A	G	J	X
C	B	K	M	R	O	T	O	M	S	I	R	O	C	D	A
Q	T	B	B	U	A	C	W	Z	U	H	U	B	G	H	C
N	B	V	T	C	L	M	P	G	W	C	T	F	H	X	S
L	A	W	C	T	E	Y	M	K	A	S	K	P	D	X	L
E	N	E	R	G	I	E	Y	F	L	A	U	W	Y	A	K
G	M	I	V	S	Y	K	O	K	Q	M	R	E	M	N	C
N	V	E	R	D	E	E	L	U	N	G	T	E	T	D	B
E	D	U	E	R	C	H	M	I	E	S	S	E	R	É	C
Q	R	B	Q	Y	X	N	Y	L	Ö	L	E	S	E	I	D
W	K	A	H	I	E	W	E	L	E	J	I	Z	Q	F	H
S	D	U	S	T	A	B	I	L	I	T	É	I	T	T	J
N	W	U	M	P	K	J	B	T	Z	A	N	H	Y	U	U

ENGEL
ACHS
BERECHNING
BAU
DIAGRAMM
DUERCHMIESSER
DIESELÖL
VERDEELUNG
ENERGIE
KRAFT
HIEWELE
FLËSCHT
MASCHIN
MIESSUNG
MOTOR
DÉIFT
UNDRIFF
STABILITÉIT
STRUKTUR

27 - Énergie

B	O	Z	F	F	O	T	S	N	N	E	R	B	P	Q	E
Q	A	R	F	L	W	G	H	D	N	U	M	R	D	K	L
V	B	T	O	Ö	K	A	F	U	O	P	K	K	J	H	E
E	W	Z	T	L	S	Q	F	F	S	Z	E	L	B	H	K
R	A	T	S	E	I	R	T	S	U	D	N	I	Ä	O	T
S	A	Ë	E	S	R	J	V	L	G	B	I	B	B	R	R
C	S	H	L	E	O	I	Y	S	K	V	B	U	T	D	O
H	S	F	E	I	T	K	E	I	P	O	R	T	N	E	N
M	E	B	U	D	O	N	M	U	N	I	U	C	B	Ë	O
U	R	K	K	U	M	U	Q	C	O	V	T	U	E	M	T
T	S	E	L	E	K	T	R	I	S	C	H	W	N	W	O
Z	T	E	R	N	E	U	E	R	B	A	R	K	Z	E	F
U	O	Z	X	Z	H	E	V	T	U	B	B	D	I	L	Q
N	F	E	F	N	N	A	J	R	C	W	F	L	N	T	H
G	F	Y	S	E	A	B	J	I	C	C	E	X	H	A	X
M	L	S	V	I	A	S	C	M	E	I	E	W	C	T	W

BATTERIE
KUELESTOFF
BRENNSTOFF
HËTZT
DIESELÖL
ENTROPIE
ËMWELT
BENZIN
ELEKTRISCH
ELEKTRON
WAASSERSTOFF
INDUSTRIE
MOTOR
NUKLÄR
FOTON
VERSCHMUTZUNG
ERNEUERBAR
SONN
TURBIN
WAND

28 - Cuisine

B	N	Z	T	P	U	S	R	E	S	C	H	T	M	L	H
W	A	G	S	B	V	C	E	C	G	S	Q	P	E	Ë	X
W	S	C	J	J	D	H	Z	I	G	N	H	A	S	S	Z
X	O	I	K	J	Z	O	E	V	U	R	W	N	S	C	K
S	J	S	R	O	M	U	I	R	S	K	Z	D	E	H	O
I	P	M	O	O	F	L	R	E	T	I	M	E	R	E	K
I	B	Y	F	X	Y	E	F	S	Y	V	A	E	N	N	P
S	L	O	U	C	W	T	N	S	N	W	W	T	E	B	B
T	L	C	U	P	P	T	I	N	D	A	H	H	O	V	P
F	I	J	J	D	T	E	R	R	B	X	C	S	G	I	C
K	R	O	U	C	I	K	X	D	C	S	S	T	I	J	Q
H	G	J	V	M	Y	U	M	O	D	C	B	N	R	A	C
E	J	K	C	T	I	U	S	A	U	W	O	W	F	B	I
P	W	L	D	Z	Z	P	V	Q	T	R	O	H	C	S	E
S	I	J	O	P	D	Z	O	C	A	H	I	H	Q	P	Q
X	H	J	S	T	Ä	B	C	H	E	N	A	S	H	K	J

STÄBCHEN
SCHOUL
KETTEL
FRIEZER
MESSER
KROU
LËSCHEN
RZEN
SCHWAMZ
BACKOFEN
FORK
GRILL
MAT
RESCHT
FRIGOEN
SERVICE
SCHORT
CUP

29 - Corps Humain

G	N	R	Q	Z	M	O	M	K	S	I	U	Y	D	P	W
K	N	O	K	J	U	X	K	E	Ë	D	J	Q	Q	F	J
G	S	W	M	F	Z	D	U	L	O	N	C	M	J	O	A
G	E	H	I	E	R	X	T	X	R	A	N	N	C	N	R
A	B	L	U	T	Ä	R	I	D	R	H	M	A	M	Z	I
M	A	R	H	F	H	A	J	V	J	B	W	X	D	E	E
H	O	A	A	A	T	O	M	L	B	L	W	R	S	X	L
S	T	T	U	N	I	T	D	S	S	E	J	A	W	M	E
A	T	B	T	G	T	W	W	S	C	W	A	L	O	I	B
R	F	Q	R	E	U	O	H	G	H	K	H	Z	I	V	O
H	A	L	S	R	N	N	K	H	O	M	K	F	H	V	U
C	Q	E	U	E	O	E	G	U	L	O	N	O	V	M	E
O	O	E	Q	F	K	I	U	J	L	N	I	X	Y	O	N
Q	H	K	N	E	D	A	O	S	E	D	E	V	W	S	V
Z	O	N	G	I	T	X	P	O	R	X	E	B	T	C	L
A	R	A	Q	K	F	W	Q	P	G	E	S	I	C	H	T

MOND
GEHIER
ANKEEL
HALS
IELEBOU
HÄRZ
FANGER
MO
SCHOLLER
KNIE
ZONG
HAND
KIEFER
KËNN
NEUS
OUER
HAUT
BLUT
KAPP
GESICHT

30 - Biologie

E	R	S	C	M	M	Y	Z	N	E	W	M	N	O	N	X
K	M	E	I	D	U	P	L	O	A	X	S	X	S	U	L
O	A	B	P	A	N	Y	S	M	M	T	M	T	M	O	I
L	N	C	R	T	J	R	N	R	S	Q	U	H	O	I	N
L	A	R	H	Y	I	X	R	O	Q	Z	X	R	S	T	E
A	T	E	B	K	O	L	G	H	Z	O	D	N	E	U	R
G	O	B	A	K	T	E	R	I	E	N	B	N	L	L	V
E	M	O	F	G	E	T	R	E	N	N	T	X	Q	O	L
N	I	N	E	R	V	E	N	Z	E	L	L	E	G	V	L
T	E	E	S	E	H	T	N	Y	S	O	T	O	F	E	E
J	S	D	G	I	Y	Z	W	W	Y	M	P	J	P	R	Z
X	N	N	Y	É	M	U	T	A	T	I	O	U	N	Q	U
B	G	B	O	D	P	Z	U	X	C	U	H	A	C	L	B
L	B	H	E	G	X	M	P	R	O	T	E	I	N	I	T
S	Y	M	B	I	O	S	E	C	K	G	O	T	A	I	U
A	Z	V	G	E	U	T	L	D	U	L	K	W	M	E	X

ANATOMIE
BAKTERIEN
ZELL
OFGETRENNT
KOLLAGEN
EMBRYO
ENZYM
EVOLUTIOUN
HORMON
DÉIER
MUTATIOUN
NATURELL
NERV
NERVENZELLE
OSMOS
FOTOSYNTHESE
PROTEIN
REPTIL
SYMBIOSE
SYNAP

31 - Épices

C	U	R	R	Y	P	A	S	T	E	P	Q	F	N	L	K
A	Y	E	K	M	V	Y	C	C	K	A	Ë	G	C	P	N
E	S	U	L	O	Y	Z	O	N	K	P	N	V	T	T	U
N	T	A	V	M	R	I	I	E	H	R	N	W	V	U	E
N	U	S	Z	E	V	I	N	M	N	I	E	F	B	R	W
A	N	I	S	D	P	Z	A	Z	T	K	R	V	H	M	E
S	T	O	C	R	Q	V	W	N	C	A	Q	R	N	E	L
S	A	D	D	A	T	G	B	S	D	V	N	E	E	I	E
M	K	G	E	K	O	U	J	B	K	E	U	W	R	C	K
M	S	H	V	L	Y	N	I	Z	O	P	R	G	T	H	V
E	U	Y	N	E	M	A	S	L	E	H	C	N	E	F	X
L	M	G	J	X	E	Y	L	A	T	N	E	I	F	A	S
X	E	M	Q	X	R	Z	T	I	L	Q	X	T	D	B	E
T	I	X	W	G	E	I	Y	N	E	Z	H	H	H	N	Q
G	J	Q	O	Y	J	Y	U	G	G	O	U	S	O	B	J
V	A	N	I	L	L	E	P	F	E	F	F	E	R	T	K

SAUER
KNUEWELEK
JEREMY
ANIS
ZIMT
KARDEMOM
KORIANDER
MMEL
TURMEICH
CURRYPASTE

FENCHELSAMEN
INGWER
MUSKATNUTS
ËNNER
PAPRIKA
PFEFFER
SAFIENTAL
GOUS
SALZ
VANILLE

32 - Agronomie

R	W	Ë	S	S	E	N	S	C	H	A	F	T	Q	Q	E
A	I	Z	B	J	P	V	U	E	D	S	T	U	D	I	E
T	W	C	F	O	Q	N	D	M	L	U	G	I	F	U	I
L	A	N	D	B	R	U	I	K	D	Y	L	A	N	Q	E
E	L	N	U	J	S	S	W	Z	Z	M	E	F	M	M	J
W	Z	T	N	U	O	I	T	K	U	D	O	R	P	R	C
M	P	N	U	O	I	S	O	R	E	E	Ü	T	I	B	G
Ë	H	M	F	T	N	I	F	U	H	V	D	N	I	O	S
B	M	Y	A	C	H	É	Q	H	C	S	N	I	G	H	Q
G	N	U	Z	T	U	M	H	C	S	R	E	V	P	E	D
U	B	Z	S	N	L	E	I	I	I	E	H	J	L	A	R
N	C	Q	N	E	O	G	W	L	N	S	C	H	A	I	J
G	G	T	T	Z	E	N	R	D	A	S	N	U	N	D	Q
J	R	J	A	P	S	D	Q	N	G	A	A	B	Z	V	U
E	N	E	R	G	I	E	S	Ä	R	A	R	S	E	L	K
Ö	K	O	L	O	G	I	E	L	O	W	K	Y	N	I	L

LANDBRUIK
WAASSER
DÜNGER
ËMWELT
ÖKOLOGIE
ENERGIE
EROSIOUN
STUDIE
SEEDS
GEMÉIS
KRANCHEN
MAT
ORGANISCH
PLANZEN
VERSCHMUTZUNG
PRODUKTIOUN
LÄNDLICH
WËSSENSCHAFT

33 - Science

M	L	X	B	Z	A	M	I	L	K	W	M	V	C	H	D
C	I	P	K	L	T	I	É	T	I	V	A	R	G	A	A
H	L	N	A	P	O	H	N	A	T	U	R	K	H	A	T
E	A	U	E	R	M	B	Y	P	H	Y	S	I	K	P	E
M	B	O	Z	R	T	J	N	P	B	G	Z	W	D	T	D
E	O	I	C	F	A	I	B	Q	O	Y	Q	T	S	S	O
S	R	T	K	A	F	L	K	N	Q	T	G	U	K	Ä	H
C	A	U	P	X	T	B	K	E	Q	N	H	S	T	C	T
H	T	L	L	H	V	Y	U	L	L	E	E	E	L	H	E
Y	O	O	A	M	M	R	I	U	U	M	M	T	S	L	M
O	I	V	N	D	V	R	J	K	P	I	C	T	D	E	L
B	R	E	Z	V	E	T	S	E	X	R	M	B	Y	C	S
T	E	Z	E	M	U	G	E	L	A	E	F	X	U	H	U
E	D	Q	N	A	L	J	E	O	P	P	T	U	Z	R	E
Y	N	B	U	X	L	N	M	M	B	X	U	A	N	G	P
C	C	P	Z	M	O	H	S	R	R	E	K	Y	T	F	D

ATOM
CHEMESCH
KLIMA
DATE
EXPERIMENT
EVOLUTIOUN
FAKT
HAAPTSÄCHLECH
GRAVITÉIT
HYPOTHES
LABORATOIRE
METHODE
MINERAL
MOLEKULEN
NATUR
PARTIKEL
PHYSIK
PLANZEN

34 - Vêtements

Q	B	B	P	G	N	M	X	O	H	C	T	D	M	E	W
A	R	M	B	A	N	D	I	E	L	K	S	O	D	A	D
G	G	S	C	Z	A	P	J	V	F	C	H	H	I	B	A
G	V	K	E	O	E	S	U	L	B	O	I	P	W	S	H
G	H	N	K	U	J	G	B	L	K	R	R	M	K	C	U
P	U	L	L	O	V	E	R	E	E	C	T	S	V	H	E
D	H	M	N	D	G	K	H	W	T	E	D	O	M	A	T
S	C	A	W	I	E	C	C	D	T	I	J	V	P	L	T
L	S	I	Q	G	N	A	M	A	E	N	P	E	U	H	X
L	D	M	T	G	L	J	Z	D	J	T	F	O	Z	U	S
M	N	A	A	C	X	U	C	D	J	U	V	V	D	M	V
P	A	Y	K	N	E	O	H	C	S	R	H	K	K	O	O
C	H	C	K	V	T	O	I	K	Z	E	R	P	B	Q	P
S	C	H	O	R	T	E	L	A	D	N	A	S	O	H	T
P	K	V	L	N	M	B	L	D	P	Z	T	M	X	C	J
W	S	C	H	L	A	F	A	N	Z	U	G	I	J	S	K

ARMBAND
CEINTURE
HUET
SCHOEN
T-SHIRT
BLUSE
KETTE
SCHAL
HANDSCHUH
JEAN

ROCK
MANTEL
MODE
BOX
PULLOVERE
SCHLAFANZUG
KLEID
SANDALE
SCHORT
JACKE

35 - Méditation

G	Q	F	D	A	N	K	B	A	R	K	E	I	T	Q	A
K	M	R	O	M	T	E	M	K	S	G	M	L	K	N	G
C	V	I	A	W	L	V	I	T	K	E	P	S	R	E	P
B	Q	D	P	C	I	U	W	U	A	I	O	T	U	W	E
G	O	D	O	Z	B	N	G	M	Z	S	O	W	T	E	K
N	E	E	I	D	Z	H	D	W	Z	T	G	X	A	I	S
U	E	E	Y	U	I	U	M	I	X	I	N	I	N	K	Z
G	Q	M	S	J	F	E	D	P	X	G	M	U	S	I	K
E	Z	U	O	C	B	L	M	I	T	G	E	F	Ü	H	L
W	R	U	F	T	H	E	S	B	I	H	W	A	C	E	S
E	P	E	L	L	I	T	S	W	A	K	K	E	R	T	R
B	I	U	B	G	W	O	R	C	L	I	W	D	A	T	L
U	X	G	X	A	E	B	N	O	H	E	C	Z	M	T	R
V	P	G	Ë	T	T	Y	R	E	U	T	W	I	D	O	S
Z	X	D	Z	L	É	I	E	R	N	E	S	C	I	S	X
K	L	A	R	I	T	É	I	T	J	J	G	X	W	G	E

UNHUELE
ROUEG
KLARITÉIT
MITGEFÜHL
LÉIER
GEESCHT
EMOTIONEN
WAKKERT
GËTT

DANKBARKEIT
GEISTIG
BEWEGUNG
MUSIK
NATUR
FRIDDE
PERSPEKTIV
OMTEM
STILLE

36 - Littérature

T	H	E	M	A	F	M	G	Y	D	A	R	A	C	Y	F
A	O	S	Y	L	A	N	A	W	S	D	C	T	D	O	O
X	U	D	C	R	Z	D	Q	Q	T	J	M	P	H	G	V
W	V	Y	K	M	I	E	R	A	I	H	B	F	C	O	N
Y	C	X	F	E	T	R	Y	E	L	Z	K	X	X	D	I
S	X	J	J	G	N	U	W	I	E	R	H	C	S	E	B
Q	W	N	P	F	D	A	R	H	R	N	H	Z	W	A	P
E	R	Z	I	E	L	E	R	P	C	E	C	S	F	N	O
A	R	R	O	M	A	N	A	A	U	T	E	U	R	A	E
D	I	A	L	O	G	R	M	R	N	X	L	M	E	L	T
T	R	A	G	E	D	I	E	G	C	S	G	H	H	O	I
G	E	D	I	C	H	O	O	O	C	O	R	T	P	G	S
R	R	E	N	O	I	T	K	I	F	F	E	Y	A	I	K
I	P	U	Y	T	B	E	H	B	N	D	V	H	T	E	M
S	T	M	P	R	K	O	K	I	U	R	G	R	E	B	F
P	E	Z	E	U	A	A	X	J	E	B	D	O	M	Y	W

ANALOGIE
ANALYS
ANEKDOT
AUTEUR
BIOGRAPHIE
VERGLECH
FAZIT
BESCHREIWUNG
DIALOG
FIKTION
METAPHER
ERZIELER
GEDICH
POETISK
REIM
ROMAN
RHYTHMUS
STIL
THEMA
TRAGEDIE

37 - Nourriture #1

C	C	L	Z	S	A	L	Z	K	A	F	F	E	U	Ä	K
T	X	B	M	U	K	I	L	I	S	A	B	P	Q	E	N
T	X	Z	P	I	C	K	H	T	Z	O	H	T	F	R	U
G	R	S	J	L	F	K	C	T	O	R	R	A	K	D	E
E	E	O	T	Y	D	W	E	M	P	X	B	N	K	B	W
R	N	V	P	G	W	G	L	R	P	C	F	I	J	I	E
Ä	N	M	D	P	K	V	L	M	T	O	K	P	B	E	L
R	Ë	P	G	S	E	C	Ë	Q	E	R	O	S	N	R	E
L	F	I	E	M	S	L	M	Z	R	K	S	Y	D	T	K
D	O	L	X	G	T	N	T	I	N	E	V	T	W	P	U
J	S	U	E	S	W	T	J	M	W	O	U	U	A	O	D
V	Q	C	E	E	I	U	U	T	V	V	Q	N	M	E	R
S	A	L	A	T	S	K	S	I	D	L	M	N	M	I	O
X	W	E	A	W	D	C	S	J	X	Y	P	F	F	K	J
Z	I	T	R	O	N	E	H	B	B	I	R	N	E	N	U
X	S	N	Z	T	B	L	B	N	G	R	L	C	R	D	B

KNUEWELEK
BASILIKUM
KAFFE
ZIMT
KARROT
ZITRONE
SPINAT
ÄERDBIER
JUSS
MËLLECH
TROPPEL
ËNNER
GERÄR
BIRNE
SALAT
SALZ
ZOPP
ZUCKER
TUNN
FLEESCH

38 - Jours et Mois

D	T	A	S	M	Y	M	T	A	E	K	C	A	X	S	J
D	O	E	B	F	J	O	R	F	B	H	Z	A	O	O	A
R	O	N	I	L	U	G	M	E	D	R	R	E	I	N	N
D	V	A	N	G	N	E	O	B	P	C	Ë	B	E	N	U
W	O	C	H	E	I	D	G	R	C	X	D	L	G	D	A
J	M	X	G	D	S	H	E	U	O	Y	N	B	L	E	R
N	S	L	E	N	U	C	D	A	A	U	G	U	S	T	Y
A	O	N	D	I	Z	S	H	R	D	I	E	A	M	L	Y
R	K	V	I	É	G	N	C	D	D	D	F	D	O	E	B
K	S	W	E	M	S	Ë	S	S	E	X	E	N	U	D	N
N	W	T	R	M	J	D	M	O	M	G	Q	Z	N	X	R
F	Q	C	F	G	B	W	A	O	W	B	V	V	T	C	J
J	U	L	I	G	Z	E	S	E	P	T	E	M	B	E	R
S	L	P	D	B	D	T	R	M	Ä	E	R	Z	X	B	J
K	A	L	E	N	D	E	R	E	B	O	T	K	O	I	P
L	G	R	S	M	Ë	T	T	W	O	C	H	D	M	O	Y

AUGUST
ABRËLL
KALENDER
SONNDE
FEBRUAR
JANUAR
DONNESCHDEG
JULI
JUNI
MÉINDEG
DËNSCHDEG
MÄERZ
MËTTWOCH
MOUNT
NOVEMBER
OKTOBER
SAMSCHDEG
WOCH
SEPTEMBER
FREIDEG

39 - Championnat

T	O	U	R	N	O	I	P	L	V	S	R	V	U	C	K
A	O	L	E	R	Q	V	T	E	A	M	E	I	H	V	E
N	F	S	N	O	I	P	M	A	H	C	G	C	R	R	R
N	X	D	I	X	M	C	L	Q	Z	T	N	T	P	H	P
O	U	W	A	S	D	F	H	I	Z	I	E	O	M	M	Q
I	U	Q	R	D	E	J	L	T	G	S	R	I	Z	N	O
P	V	M	T	D	P	Y	J	V	E	A	E	R	U	U	Z
M	C	C	B	F	B	S	Z	Z	H	R	P	E	F	O	Q
A	S	A	H	V	N	C	S	T	R	A	T	E	G	I	E
H	R	G	N	U	T	H	C	S	E	E	L	W	U	T	A
C	M	P	R	E	T	W	D	Z	Q	A	Y	Q	M	A	T
B	A	E	B	A	N	E	M	Y	Z	I	Y	S	W	V	S
L	T	O	D	A	I	I	D	V	Z	W	U	V	D	I	P
W	X	T	S	A	E	S	Z	D	N	E	U	E	Q	T	O
W	I	Q	P	F	I	S	G	B	G	V	X	D	E	O	R
J	Y	B	N	O	O	L	S	A	X	P	G	Z	I	M	T

CHAMPION
CHAMPIONNAT
TRAINER
TEAM
REGNER
MVP
RICHTER
LIGA
MEDAIL
MOTIVATIOUN
LEESCHTUNG
SPORT
STRATEGIE
TOURNOI
SCHWEISS
VICTOIRE

40 - Jardinage

L	E	T	L	K	L	Q	W	O	I	U	I	K	I	K	N
X	A	V	B	H	F	M	U	I	T	R	Z	T	L	L	L
Y	A	N	K	S	I	T	O	X	E	R	Ä	Z	X	I	X
P	M	N	O	W	A	A	S	S	E	R	Y	M	E	M	Y
S	M	S	M	S	Y	O	D	S	K	R	Q	M	Y	A	S
W	I	C	P	D	I	R	E	U	G	E	U	J	F	P	Y
S	E	H	O	Y	É	A	E	A	E	N	S	Q	A	R	F
O	N	A	S	A	L	U	S	R	T	I	X	S	O	S	H
O	W	U	T	Q	B	V	E	T	H	A	P	K	B	I	N
R	R	C	W	F	N	S	P	S	C	T	L	Q	T	A	R
C	Y	H	S	E	J	C	R	N	I	N	Q	G	J	C	R
H	A	W	C	K	H	H	B	E	I	O	B	J	A	B	U
A	R	M	A	U	P	M	V	M	F	C	S	L	P	M	C
R	L	N	N	Y	N	U	B	U	G	B	B	T	Ë	Q	O
D	X	T	A	Z	I	T	A	L	B	Z	T	U	D	T	P
R	T	E	P	B	R	Z	M	B	E	V	J	T	Z	F	T

ZÄRE
BLUMENSTRAUSS
KLIMA
ESSBAR
KOMPOST
WAASSER
EXOTISK
BLËTT
BLAT
BLÉI
SEEDS
FIICHTEGKEET
CONTAINER
SAISONAL
SCHMUTZ
SCHAUCH
ORCHARD

41 - Entreprise

W	Ä	H	R	U	N	G	B	B	R	H	T	I	H	I	F
F	M	H	T	R	R	E	U	S	V	T	O	W	U	N	I
F	A	B	R	I	E	K	R	B	U	D	G	E	T	V	N
G	E	W	Ë	N	N	R	U	E	Y	O	L	P	M	E	A
W	R	S	B	A	M	I	N	S	I	F	T	Z	R	S	N
U	È	U	O	H	E	U	Q	C	R	E	B	M	E	T	Z
E	I	R	Y	I	S	F	L	M	H	L	T	N	K	I	E
R	R	E	N	T	R	E	P	R	I	S	E	S	O	T	N
T	R	A	N	S	A	K	T	I	O	N	D	D	N	I	A
F	A	M	W	O	W	V	N	B	J	D	F	M	O	O	V
Ä	C	G	A	K	I	C	E	S	O	Z	A	W	M	N	C
H	B	M	F	J	A	V	R	R	A	E	U	T	I	I	L
C	Z	P	C	I	P	H	V	N	K	L	P	F	K	F	G
S	D	C	U	X	Q	P	Y	L	T	A	A	B	Y	P	F
E	I	D	M	A	K	O	M	M	E	S	F	S	T	M	H
G	W	Y	V	O	F	F	I	C	E	D	V	L	E	U	L

SUE
GESCHÄFT
BUDGET
OFFICE
CARRIÈRE
KOST
WÄHRUNG
EMPLOYEUR
EMBER
ENTREPRISE
EKONOMIK
FINANZEN
STEIEREN
INVESTITION
WUER
GEWËNN
AKOMMES
TRANSAKTION
FABRIEK
VERKAF

42 - Activités

S	Y	W	H	A	N	D	W	I	E	R	K	E	R	P	Y
I	L	V	E	V	T	H	D	S	M	J	G	P	B	I	Q
L	I	V	F	I	V	K	Y	S	S	A	Z	U	Y	L	C
X	E	Z	T	S	E	I	Q	C	C	T	G	M	A	G	J
C	S	M	V	P	A	R	N	U	M	H	O	I	Q	C	E
F	E	F	L	E	I	S	E	E	I	C	E	H	S	H	K
G	N	Q	B	L	P	M	F	N	U	A	F	M	I	C	N
K	O	N	S	C	H	T	N	E	C	J	N	J	A	U	H
F	R	É	I	S	C	H	T	D	Q	N	K	Z	R	V	J
K	I	W	B	F	Y	Z	P	R	G	Ä	Z	O	K	D	C
G	R	T	L	L	I	H	F	A	B	H	Z	F	U	O	B
R	K	I	Z	A	L	P	S	G	N	I	P	M	A	C	K
B	F	O	T	O	G	R	A	F	I	E	W	B	F	F	S
Z	X	S	L	F	U	F	Ä	E	G	K	E	E	T	R	V
R	E	L	A	X	A	T	I	O	U	N	W	Z	Z	S	Q
A	T	K	T	A	K	T	I	V	I	T	É	I	T	N	C

AKTIVITÉIT
KONSCHT
HANDWIERKER
CAMPINGSPLAZ
JACHT
FÄEGKEET
NÄH
GARDEN
MVP
LIESEN
FRÉISCHT
MAGISCH
SCHEMA
FOTOGRAFIE
FLEIS
WEIEREN
RELAXATIOUN

43 - Fleurs

T	P	Z	M	V	I	O	L	E	T	T	E	J	G	U	Q
B	K	Z	A	T	U	L	I	P	E	L	B	A	A	X	C
U	N	P	G	S	D	Q	P	V	L	L	N	S	R	I	X
V	X	K	N	H	A	Z	N	E	W	Y	K	M	D	L	M
A	T	N	O	E	M	A	J	D	C	F	H	I	E	A	S
H	W	T	L	X	J	W	W	B	A	Y	C	N	N	V	O
W	I	K	I	I	M	W	X	Q	O	I	V	W	I	E	N
W	V	B	E	E	D	I	H	C	R	O	S	U	E	N	N
T	M	L	I	O	Z	W	D	P	R	V	U	Y	S	D	E
D	T	H	L	S	H	Z	I	M	B	X	P	V	B	E	B
U	D	M	I	W	K	M	C	R	R	T	L	O	A	L	L
R	M	O	L	U	C	U	M	N	B	I	B	M	X	A	E
F	G	H	V	J	R	L	S	M	K	O	T	R	Y	X	M
Q	G	N	P	F	I	N	G	S	T	R	O	S	E	T	A
B	L	U	M	E	N	S	T	R	A	U	S	S	D	O	Q
X	K	K	G	H	Y	A	R	Y	V	P	D	A	H	Y	U

BLUMENSTRAUSS
GARDENIE
HIBISKUS
JASMIN
LAVENDEL
VIOLETTE
LILIE
MAGNOLIE
DAISY
ORCHIDEE
MOHN
WENZAHN
PFINGSTROSE
SONNEBLEM
KLEE
TULIP

44 - Nourriture #2

P	L	O	U	A	C	X	O	P	P	I	H	I	A	Z	K
E	Z	C	F	U	O	Y	A	I	T	M	E	R	L	B	I
K	T	A	M	O	T	A	N	I	S	Z	M	Y	K	R	W
G	N	H	U	H	Y	G	N	S	I	E	R	H	T	O	I
M	A	N	G	O	O	E	H	C	S	R	I	K	I	K	G
W	L	E	E	R	N	V	D	H	J	S	Z	F	J	K	V
E	P	K	E	T	A	S	K	R	A	M	G	I	R	O	G
I	G	N	Z	O	N	F	S	O	A	Y	F	S	T	L	B
R	E	I	K	M	A	N	D	E	L	U	S	C	I	I	R
E	E	H	X	S	B	M	W	V	E	B	F	H	J	R	Q
L	S	C	J	W	E	R	D	C	S	W	C	Y	X	Q	G
L	A	S	U	X	N	A	O	C	D	R	D	T	N	M	B
E	B	F	U	G	X	G	W	U	Q	G	K	K	T	M	N
S	C	H	O	C	K	E	L	A	T	R	J	J	T	H	V
V	X	E	S	N	I	W	K	Q	N	P	S	S	H	J	L
R	X	T	A	P	E	L	Z	P	G	D	O	F	M	F	B

MANDEL
EEGPLANT
BANAN
WEESS
BROKKOLI
KIRSCHE
SELLERIE
SCHOCKELA
SCHINKEN
KIWI

MANGO
EEG
BROUT
PIISCH
FISCH
APEL
HUHN
DRAUF
REIS
TOMAT

45 - Algèbre

V	N	Y	S	V	J	E	S	V	Z	S	Z	S	F	K	P
G	E	M	C	V	B	X	I	R	T	A	M	U	O	F	V
P	K	N	T	X	H	P	C	X	O	D	U	B	R	F	G
J	R	U	D	J	R	O	T	K	A	F	T	T	M	S	M
V	A	O	U	O	L	N	Q	W	R	S	H	R	E	R	R
U	E	I	B	V	H	E	Z	W	Z	J	C	A	L	L	G
I	N	T	C	L	C	N	I	X	Q	U	S	K	H	Ë	E
H	I	A	D	I	E	T	G	Z	U	E	L	T	W	S	D
L	L	U	N	L	L	M	M	A	R	G	A	I	D	C	U
Y	A	Q	A	Y	D	F	T	L	M	C	F	O	D	H	M
B	S	E	H	T	N	E	R	A	P	L	S	N	T	T	U
A	M	H	U	M	E	V	E	R	F	E	I	C	H	E	N
L	V	A	V	B	N	V	A	R	I	A	B	E	L	G	A
L	A	B	N	U	O	I	T	K	A	R	F	B	L	N	R
W	L	F	H	A	F	B	H	G	H	W	K	C	R	M	N
S	K	R	H	Z	X	A	F	U	F	L	O	V	J	G	Z

DIAGRAMM
EXPONENT
EQUATIOUN
FAKTOR
FALSCH
FORMEL
FRAKTIOUN
ONENDLECH
LINEAR
MATRIX
ZUEL
PARENTHES
PROBLEM
VERFEICHEN
LËSCHT
SUBTRAKTION
VARIABEL
NULL

46 - Océan

Q	O	Z	Y	V	P	A	K	A	A	D	F	M	M	K	S
D	E	L	P	H	I	N	O	F	U	R	Y	K	K	R	C
P	Q	A	O	T	T	A	R	Q	R	S	L	M	O	A	H
R	W	S	H	A	T	L	A	M	D	B	T	Y	X	B	W
M	L	D	T	C	N	G	L	F	A	Z	Y	E	G	B	A
V	A	M	V	D	F	E	L	Q	I	R	P	Q	R	E	M
C	E	B	E	L	G	K	E	F	I	S	A	I	D	Q	Z
T	A	A	L	M	O	X	N	N	J	U	C	F	Q	K	E
U	U	K	R	A	K	E	H	R	L	L	G	H	N	M	T
W	D	N	Q	G	D	F	E	I	N	D	U	P	M	N	B
A	M	F	N	A	D	E	C	K	E	L	S	M	O	U	K
L	E	F	K	R	Q	U	A	L	L	E	B	R	Q	S	O
H	A	I	S	N	P	J	E	Q	L	I	O	U	Q	A	Y
B	Y	R	H	E	S	X	F	K	E	A	O	T	A	D	A
N	C	T	Q	L	Z	F	F	H	W	D	T	S	K	Z	L
A	H	B	Q	E	S	T	Q	Z	F	Z	C	J	Y	W	U

ALGE
AAL
WAL
BOOT
KORALLEN
KRABBE
GARNELE
DELPHIN
SCHWAMZ
AUSTER
QUALLE
FISCH
KRAKE
HAI
RIFF
SALZ
STURM
TUNN
DECKELSMOUK
WELLEN

47 - Antiquités

J	O	E	R	H	O	N	N	E	R	T	U	S	X	A	N
R	H	S	X	D	K	O	D	S	Q	Q	J	D	F	B	N
E	X	K	M	P	M	I	M	E	O	M	R	T	E	K	O
S	R	U	N	Z	B	T	T	Ë	K	U	R	Y	T	S	I
T	M	L	I	T	S	K	H	I	N	O	P	C	S	Z	T
A	E	P	D	F	G	U	C	U	V	T	R	Ä	W	T	I
U	L	T	R	J	P	A	E	H	B	M	E	A	Z	X	T
R	E	U	H	U	F	E	L	M	A	Z	V	N	T	T	S
A	G	R	V	N	T	L	N	E	O	E	G	E	H	I	E
T	A	W	W	Y	K	S	I	Ä	R	P	U	L	C	É	V
I	N	E	S	E	I	L	É	N	D	I	O	E	S	T	N
O	T	C	N	Q	A	D	W	A	L	V	E	W	N	I	I
U	P	V	H	K	I	Z	E	R	Z	D	A	W	O	L	C
N	E	U	O	J	I	B	G	Y	N	L	L	I	K	A	F
F	N	K	G	D	B	Q	N	C	D	Z	Q	M	K	U	E
V	P	A	X	A	U	I	O	Z	G	D	A	O	C	Q	K

KONSCHT
LIESEN
BIJOUEN
DEKORATIV
AUKTION
ELEGANT
GALERIE
ONGEWÉINLECH
INVESTITION
MIWWELEN

MËNTEN
PRÄIS
QUALITÉIT
RESTAURATIOUN
SKULPTUR
JOERHONNERT
STIL
WÄRT
AL

48 - Boxe

K	R	A	F	T	E	R	I	H	Y	T	O	Z	C	G	P
E	G	É	I	G	N	E	R	E	U	A	F	O	K	U	S
J	R	X	R	K	T	F	O	L	L	L	E	B	C	Z	G
F	T	S	M	B	N	P	H	C	F	E	Z	M	I	Z	D
F	E	Y	C	C	C	M	J	U	N	X	B	E	K	Y	U
O	N	X	O	H	G	Ä	D	X	J	I	U	O	D	L	N
F	K	O	C	U	Ö	K	I	E	R	P	E	R	U	P	L
B	U	A	G	H	S	P	E	R	H	U	E	L	U	N	G
Q	N	S	D	C	X	B	F	K	R	V	E	C	I	G	T
A	F	L	T	S	S	X	S	T	E	E	K	G	E	Ä	F
F	E	U	U	D	E	U	V	B	W	A	G	H	B	Z	S
N	E	I	E	N	J	O	V	Y	N	S	P	Y	Y	O	Z
U	K	T	D	A	K	Ë	N	N	D	B	T	L	I	Y	F
V	B	I	I	H	H	C	U	W	W	M	E	C	K	P	U
T	D	H	R	E	L	A	R	B	I	T	T	E	R	C	Y
C	I	C	I	N	E	P	U	E	M	K	A	H	Q	H	M

GÉIGNER
ARBITTER
BELL
ECK
KÄMPFER
FÄEGKEET
FOKUS
KIERPER
IELEBOU
KICK
ERSCHÖPFT
KRAFT
HANDSCHUH
KËNN
FUST
ERHUELUNG

49 - Fruit

K	Z	U	L	T	I	G	C	B	O	D	A	C	O	V	A
I	S	K	I	E	B	K	M	E	V	R	B	E	C	I	P
R	J	N	V	D	D	I	I	R	C	P	A	V	O	O	R
S	U	Y	S	X	F	D	G	R	W	Q	W	N	W	Q	I
C	C	P	W	Y	C	N	P	Y	F	B	R	Q	G	X	K
H	I	N	C	X	Q	Q	V	A	B	Y	M	M	N	E	O
E	N	O	R	T	I	Z	W	Q	P	I	W	S	S	V	S
M	A	N	G	O	M	I	R	F	U	A	R	D	I	A	E
U	A	U	W	C	S	P	K	I	W	I	Y	N	N	U	N
L	V	O	Q	Y	L	I	A	N	A	N	S	A	E	G	E
B	C	L	E	P	A	I	H	A	M	B	I	E	R	U	K
I	P	E	E	E	O	S	S	N	W	O	J	S	F	B	T
D	J	M	P	O	B	C	E	A	F	A	X	O	L	I	A
X	E	E	O	C	Q	H	X	B	N	T	O	X	S	B	R
U	L	F	U	G	P	M	L	E	W	F	B	C	K	B	I
V	C	K	N	X	G	J	P	U	B	H	J	H	S	O	N

APRIKOSE
ANANS
AVOCADO
BERRY
BANAN
KIRSCHE
ZITRONE
UM
HAMBIER
GUAVE
KIWI
MANGO
MELOUN
NEKTARIN
ORANGE
PAPAYA
PIISCH
BIRNE
APEL
DRAUF

50 - Technologie

T	E	I	V	K	S	C	A	T	Z	H	C	I	B	R	I
G	K	W	X	W	V	I	R	U	S	J	R	N	S	H	T
Q	B	H	L	Y	N	C	O	S	U	P	E	D	Z	N	X
R	I	B	C	K	D	L	U	V	B	O	J	M	F	S	Q
X	F	L	N	C	T	Z	E	R	A	W	T	F	O	S	K
S	T	A	T	I	S	T	I	K	S	G	W	U	N	Z	W
M	E	I	U	U	É	C	R	A	N	O	D	S	V	E	D
C	O	M	P	U	T	E	R	R	D	L	R	A	X	I	I
L	L	C	R	L	E	T	R	E	A	B	J	J	T	W	G
M	T	A	A	B	N	Y	L	M	T	F	C	V	I	E	I
R	E	S	W	O	R	B	J	A	E	T	T	M	N	F	T
V	F	N	K	G	E	E	F	K	I	B	M	E	S	R	A
B	B	D	G	O	T	E	E	H	R	E	H	C	É	S	L
G	S	O	N	L	N	H	O	M	E	P	A	G	E	O	S
T	C	A	G	T	I	K	N	C	U	O	M	X	S	W	N
J	N	I	O	G	K	C	P	P	Z	G	P	F	X	R	L

BLOG
KAMERA
CURSOR
DATE
ÉCRAN
DATEI
INTERNET
SOFTWARE
HOMEPAGE.

BROWSER
DIGITAL
BYTE
COMPUTER
SÉCHERHEET
STATISTIK
MEI
VIRUS

51 - Musique

A	R	L	K	B	V	M	P	A	X	H	K	U	D	U	M
I	T	W	P	A	N	H	O	R	E	A	L	A	K	O	V
A	L	B	U	M	C	V	E	M	Y	R	A	K	H	S	C
M	E	L	O	D	I	E	T	I	A	M	S	W	N	M	U
A	D	D	T	E	E	L	I	T	K	O	S	K	Z	O	T
U	V	T	O	N	K	A	S	G	G	N	I	H	D	Z	N
N	P	O	F	Q	I	K	K	D	D	I	S	D	J	O	E
R	H	Y	T	H	M	I	S	C	H	K	C	D	V	P	M
B	B	B	C	W	D	S	U	G	C	O	H	K	Z	M	U
Z	A	S	E	N	G	U	M	V	S	T	E	C	K	E	R
S	W	L	Z	K	B	M	H	E	I	K	V	O	D	T	T
O	E	T	L	W	F	R	T	J	R	U	W	S	B	L	S
P	S	N	N	A	U	D	Y	Y	Y	M	B	W	S	A	N
E	H	E	G	I	D	A	H	V	L	H	P	B	M	I	I
R	R	Z	Y	E	Q	E	R	H	A	R	M	O	N	I	E
A	K	C	V	W	R	Y	M	U	S	I	K	E	R	O	J

ALBUM
BALLADE
SENG
SENGER
KLASSISCH
FOTO
HARMONIE
HARMONIK
INSTRUMENT
LYRISCH
MELODIE
STECKER
MUSIKAL
MUSIKER
OPERA
POETISK
RHYTHMUS
RHYTHMISCH
TEMPO
VOKAL

52 - Météo

N	Y	T	K	Q	H	J	C	I	Z	G	N	Z	S	W	H
I	E	E	O	F	F	G	D	O	N	N	E	R	Q	F	U
W	E	L	W	R	Ä	F	S	O	M	T	A	U	E	M	R
W	W	R	S	I	N	L	I	P	D	L	F	T	O	P	R
E	K	L	I	M	A	A	Ä	Q	M	I	M	E	T	R	I
L	C	P	B	N	W	U	D	N	A	W	J	M	X	P	C
E	O	Q	R	C	O	Z	D	O	O	N	M	P	P	R	A
M	J	Y	I	X	L	R	E	E	B	O	U	E	O	Q	N
M	S	A	K	X	K	S	I	P	O	R	T	R	L	Y	Y
I	C	T	E	E	E	S	I	R	B	H	T	A	A	B	R
H	C	N	U	S	N	O	M	E	D	N	D	T	R	E	U
P	D	I	U	R	K	D	V	X	R	Q	Q	U	J	W	S
N	Q	G	P	U	M	Ü	P	A	Ë	O	B	R	K	M	Z
Y	T	H	K	R	O	R	Y	Y	C	C	T	X	C	X	V
Q	W	I	Y	M	O	R	X	C	H	O	Y	C	B	W	K
H	F	Y	M	G	W	E	Y	Q	T	R	F	S	C	O	F

REEBOU
ATMOSFÄR
BRISE
NIWWEL
ROUEG
HIMMEL
KLIMA
ÄIS
MONSUN
WOLKEN

HURRICAN
POLAR
DRËCHT
DÜRRE
TEMPERATUR
STURM
DONNER
TORNADO
TROPISK
WAND

53 - L'Entreprise

P	S	R	Z	K	F	R	Q	Q	S	T	V	W	E	Y	P
H	H	X	U	S	N	G	U	X	X	E	U	Y	E	M	R
L	T	D	I	F	A	N	A	Z	Z	E	X	E	N	D	E
H	R	V	C	J	F	U	L	Q	V	K	T	V	H	C	S
F	W	K	X	V	K	D	I	J	W	H	T	M	E	R	E
P	Q	R	O	X	N	E	T	T	E	C	E	R	E	E	N
V	N	X	Y	J	E	E	É	K	E	E	R	D	T	S	T
I	A	N	A	S	K	H	I	D	J	L	G	D	E	S	A
T	N	J	J	J	S	C	T	Z	O	G	K	O	N	O	T
A	Y	D	Q	O	I	S	S	E	N	I	S	U	B	U	I
V	X	J	U	P	R	T	G	V	D	É	A	S	G	R	O
O	G	I	C	S	S	N	T	J	V	M	A	A	Z	C	U
N	V	W	T	Q	T	E	P	R	O	D	U	I	T	E	N
N	F	H	T	T	Ë	R	H	C	S	T	R	O	F	N	R
I	M	U	P	K	M	A	I	A	K	R	E	A	T	I	V
J	N	O	I	T	I	T	S	E	V	N	I	P	W	U	G

BUSINESS
KREATIV
ENTSCHEEDUNG
CSV
INDUSTRIE
INNOVATIV
INVESTITION
MÉIGLECHKEET
PRESENTATIOUN
PRODUIT
FORTSCHRËTT
QUALITÉIT
RESSOURCEN
RECETTEN
RUFF
RISKEN
EENHEETEN

54 - Gouvernement

N	D	K	Y	E	G	E	U	O	R	E	D	I	E	L	I
H	E	A	I	N	L	L	N	L	C	E	Z	I	O	F	H
C	M	Y	D	T	Ä	W	O	G	O	O	C	I	X	N	B
I	O	U	N	O	I	T	A	N	D	L	Z	H	V	D	L
L	K	V	G	J	C	L	I	B	E	R	T	Y	T	I	Q
T	R	U	W	V	H	O	O	H	I	U	E	N	N	E	L
H	A	O	J	I	H	B	Q	P	R	Q	S	S	E	O	R
C	T	F	S	B	E	M	E	U	P	Y	E	T	M	H	I
I	I	Z	H	H	E	Y	P	H	W	A	G	V	U	T	Z
R	E	I	B	K	T	S	S	N	O	G	A	W	N	W	X
E	V	E	R	F	A	S	S	U	N	G	U	Y	O	T	T
G	E	R	E	C	H	T	E	G	K	E	E	T	M	A	F
D	I	S	K	U	S	S	I	O	U	N	Y	A	P	K	O
B	I	E	R	G	E	R	S	C	H	Ä	F	T	B	P	R
J	Q	M	A	V	A	T	O	U	B	W	U	S	G	Z	V
T	Y	B	S	Y	P	D	W	Z	V	R	Y	K	U	A	W

BIERGERSCHÄFT
ZIVIL
VERFASSUNG
DEMOKRATIE
RIED
DISKUSSIOUN
RECHTER
GLÄICHHEET
STAT
GERICHTLICH
GERECHTEGKEET
LEIDER
LIBERTY
GESETZ
MONUMENT
NATION
ROUEG
POLITIK
SYMBOL

55 - Randonnée

P	O	D	Z	L	H	T	Q	N	C	Q	Q	P	W	D	C
A	G	Z	Y	B	T	A	O	A	T	H	Q	O	Ë	É	A
R	B	D	D	I	M	J	N	T	R	A	A	K	L	I	M
K	S	D	H	E	Q	Q	I	U	W	G	M	N	L	E	P
E	L	H	S	R	S	M	N	R	G	K	I	U	T	R	I
N	X	E	P	G	L	O	S	S	N	O	L	O	D	H	N
Y	R	U	Ë	L	O	G	N	N	U	Q	K	I	R	U	G
P	E	M	T	U	B	V	A	N	D	Y	E	T	P	A	S
M	S	X	Z	N	Y	B	S	T	E	I	N	A	B	P	P
J	S	C	T	O	V	M	D	V	E	R	A	T	P	T	L
G	A	R	H	C	O	H	W	I	R	T	Z	N	I	N	A
S	A	S	W	W	E	Z	B	S	E	R	O	E	M	A	Z
Q	W	R	T	H	É	I	F	Y	B	J	J	I	M	H	O
O	Z	F	J	S	H	I	J	M	R	L	F	R	R	P	G
Z	F	I	P	V	Z	Z	E	U	I	N	R	O	D	J	A
S	T	I	W	W	E	L	E	R	V	E	S	V	F	L	K

DÉIER
STIWWELE
CAMPINGSPLAZ
KAART
KLIMA
WAASSER
KLIPP
MIDD
SCHWÉIER

BIERG
NATUR
ORIENTATIOUN
PARKEN
STEIN
VIRBEREEDUNG
WËLLT
SONN
SPËTZT

56 - Nutrition

S	E	E	G	I	S	V	I	J	L	J	P	T	T	O	Q
C	O	Q	Q	Y	G	E	T	A	R	D	Y	H	L	O	K
F	H	U	S	O	K	R	X	W	A	K	Q	C	U	A	V
U	T	N	S	V	M	D	K	B	B	A	U	I	O	P	I
G	E	S	O	N	D	A	O	K	S	P	A	W	J	P	T
N	U	P	W	S	F	U	T	S	S	S	L	E	X	E	A
U	N	X	Q	B	V	U	X	F	E	L	I	G	E	T	M
R	Z	N	M	X	G	N	I	X	O	T	T	G	G	I	I
Ä	T	U	F	K	V	G	V	C	U	É	É	K	O	T	N
G	K	A	L	O	R	I	E	N	K	I	I	J	T	U	T
G	E	S	O	N	D	H	E	E	T	D	T	W	T	R	S
P	R	O	T	E	I	N	D	Z	L	K	F	E	C	N	U
T	P	N	M	H	Y	L	A	R	Y	P	N	B	G	N	C
D	I	Q	B	J	E	R	E	M	Y	X	L	J	D	O	L
S	S	I	G	K	E	I	T	E	N	B	W	X	O	H	U
U	E	U	A	U	S	G	E	W	O	G	E	Q	B	X	Y

JEREMY
APPETIT
KALORIEN
ESSBAR
DIÉT
VERDAUUNG
RZEN
AUSGEWOGE
GÄRUNG
KOLHYDRATE
SSIGKEITEN
GEWICHT
PROTEIN
QUALITÉIT
GESOND
GESONDHEET
SOUS
GOUS
TOXIN
VITAMIN

57 - Créativité

G	F	A	Z	C	Q	D	H	F	J	K	H	A	J	H	E
S	A	X	U	E	R	Y	U	C	U	L	N	K	B	C	P
F	Q	A	N	S	Z	A	O	N	Z	A	U	N	K	J	B
H	S	V	P	H	D	L	I	B	C	R	O	Y	H	G	A
C	R	N	I	G	B	R	C	U	C	I	I	J	I	U	S
S	P	O	N	T	A	N	O	P	F	T	T	G	U	O	T
I	J	I	E	E	N	E	P	C	E	É	A	W	N	X	Ä
T	V	T	N	E	B	E	W	O	K	I	R	X	U	D	T
A	E	I	O	K	H	D	V	D	D	T	I	I	O	N	I
M	U	U	I	G	P	I	V	N	H	I	P	T	I	D	L
A	X	T	T	E	K	V	H	K	I	T	S	I	T	R	A
R	Y	N	O	Ä	V	I	S	I	O	U	N	F	A	Y	T
D	R	I	M	F	R	E	B	Y	S	Y	I	R	S	X	I
D	W	T	E	I	S	A	T	N	A	H	P	G	N	C	V
A	U	T	E	N	T	I	Z	I	T	É	I	T	E	W	I
I	N	T	E	N	S	I	T	É	I	T	E	M	S	P	Q

ARTISTIK
AUTENTIZITÉIT
KLARITÉIT
FÄEGKEET
DRAMATISCH
AUSDROCK
EMOTIONEN
IDEEN
BILD
PHANTASIE
INSPIRATIOUN
INTENSITÉIT
INTUITION
INVENTIV
SENSATIOUN
SPONTAN
VISIOUN
VITALITÄT

58 - Science Fiction

A	F	I	T	V	G	P	P	K	I	N	O	B	G	H	T
T	U	I	R	X	E	I	P	O	T	S	Y	D	B	C	E
O	T	B	N	R	H	C	N	S	H	N	D	T	O	D	C
M	U	L	R	E	E	I	P	O	T	U	I	D	F	L	H
I	R	R	E	R	I	S	R	X	V	Z	G	D	X	N	N
C	I	O	F	W	M	M	P	A	V	W	D	O	E	U	O
F	S	B	E	E	N	E	Y	J	M	Q	E	A	S	O	L
A	T	O	W	F	I	G	R	Ä	N	I	G	A	M	I	O
N	I	T	C	Y	S	G	I	T	I	P	E	D	T	S	G
T	S	E	V	T	V	X	F	E	X	W	G	H	U	O	I
A	C	R	K	N	O	T	D	N	Y	E	A	Y	F	L	E
S	H	C	H	T	L	E	K	A	R	O	L	M	E	P	X
T	V	R	H	N	L	I	T	L	J	B	A	L	E	X	N
I	B	U	U	E	V	Q	J	P	G	L	X	J	P	E	I
S	G	B	V	Y	R	O	J	O	D	H	Y	X	I	D	L
K	N	T	F	K	Q	N	U	O	I	S	U	L	L	I	I

ATOMIC
KINO
DYSTOPIE
EXPLOSIOUN
EXTREM
FANTASTISK
FIR
FUTURISTISCH
GALAXY
ILLUSIOUN
IMAGINÄR
CHERN
WELT
GEHEIMNISVOLL
ORAKEL
PLANET
ROBOTER
TECHNOLOGIE
UTOPIE

59 - Professions #1

D	J	X	H	V	H	L	C	R	E	I	U	Q	N	A	B
B	O	F	E	U	E	R	W	E	H	R	M	A	N	N	T
T	O	K	T	K	J	H	E	M	S	I	V	Y	H	Y	I
E	P	K	T	R	V	C	H	M	N	I	U	I	P	B	E
R	E	L	L	E	W	E	J	U	E	G	P	D	A	M	R
U	E	W	A	E	R	E	D	L	J	E	E	Ë	R	V	A
E	T	F	O	P	C	R	F	P	V	V	K	H	G	E	R
D	S	Z	Q	S	S	H	M	S	Q	A	I	T	O	K	Z
A	Y	B	R	Y	W	S	T	Q	P	U	L	I	T	L	T
S	D	N	N	C	V	X	G	E	D	X	I	Y	R	O	R
S	Ä	G	T	H	U	N	M	Q	R	E	N	I	A	R	T
A	N	T	M	O	N	O	R	T	S	A	J	A	K	O	S
B	Z	R	E	L	T	H	C	S	N	Ë	K	R	I	T	V
M	E	U	M	O	P	I	A	N	I	S	T	U	N	I	V
A	R	B	V	G	O	L	O	E	G	I	S	Q	I	D	D
M	U	S	I	K	E	R	A	V	O	C	A	T	C	E	L

AMBASSADEUR
KËNSCHTLER
ASTRONOM.
AVOCAT
BANQUIER
JEWELLER
KARTOGRAPH
JEEËR
DÄNZER
TRAINER
EDITOR
GEOLOG
KLECHTER
DOKTER
MUSIKER
PIANIST
PLUMMER
FEUERWEHRMANN
PSYCHOLOG
TIERARZT

60 - Géologie

O	P	K	Y	A	P	O	L	K	K	G	H	A	P	V	H
O	C	S	B	S	U	G	K	T	A	X	O	A	E	O	A
W	H	N	U	O	I	S	O	R	E	L	Q	C	R	H	A
J	N	E	L	L	A	T	S	I	R	K	C	I	L	H	P
E	O	L	A	R	E	N	I	M	T	R	E	I	A	S	T
S	Z	L	E	I	H	Y	X	T	P	J	P	Q	U	A	S
Q	U	A	R	Z	L	A	S	D	K	J	D	A	E	M	Ä
S	A	R	E	S	I	E	G	B	K	A	F	C	M	I	C
C	E	O	Q	O	Q	F	L	G	S	Z	L	J	Z	D	H
H	T	K	O	X	G	N	L	L	C	X	T	A	V	A	L
M	A	K	O	N	T	I	N	E	N	T	Z	K	T	E	E
Ë	L	S	T	E	I	N	A	K	L	U	V	I	Y	S	C
L	P	Y	Q	J	D	P	L	A	N	G	R	Q	Y	V	H
Z	L	E	N	L	V	S	B	N	X	P	E	Q	Y	X	D
E	V	Z	D	E	G	V	W	Y	P	U	O	Z	S	J	X
N	V	E	J	H	S	X	Q	A	M	O	B	F	W	O	Q

SAIER
KALCIUM
HIEL
KONTINENT
KORALLEN
PLANG
KRISTALLEN
EROSIOUN
SCHMËLZEN
HAAPTSÄCHLECH
GEISER
LAVA
MINERAL
STEIN
PLATEAU
QUARZ
SALZ
STALAKTIT
VULKAN
ZON

61 - Santé et Bien Être #1

R	J	Z	A	K	K	T	R	Y	G	V	B	W	Q	G	O
U	N	Z	K	Z	L	F	E	W	I	Q	L	A	C	A	T
T	E	X	T	U	A	H	L	E	H	R	E	T	K	O	D
N	L	X	I	E	A	D	A	E	Z	E	S	I	I	O	V
T	E	B	V	N	B	L	X	I	S	A	C	D	H	V	Z
S	K	E	L	E	T	T	A	Q	G	T	H	C	I	É	H
H	S	I	L	R	E	Z	T	Q	Q	M	T	S	F	U	X
O	U	L	D	N	V	G	I	M	E	D	I	Z	I	N	Q
R	M	Y	P	P	D	B	O	Y	T	K	V	I	R	U	S
M	W	P	R	Q	A	J	U	X	B	Q	L	I	G	R	W
O	V	G	N	I	L	D	N	A	H	E	B	I	Y	Q	K
N	V	R	E	F	L	E	X	V	E	U	F	V	N	L	K
B	A	K	T	E	R	I	E	N	A	O	N	C	D	I	D
G	E	W	O	H	N	H	E	I	T	W	B	G	U	T	K
F	R	A	K	T	U	R	S	E	I	P	A	R	E	H	T
G	B	M	B	A	P	L	E	F	F	Z	U	W	Q	R	S

AKTIV
BAKTERIEN
BLESCHT
KLINIK
HUNGER
FRAKTUR
GEWOHNHEIT
HÉICHT
HORMON
DOKTER
MEDIZIN
MUSKELEN
SKELETT
HAUT
APDIKT
RELAXATIOUN
REFLEX
THERAPIE
BEHANDLING
VIRUS

62 - Barbecues

K	A	N	B	H	P	H	X	X	D	T	F	R	T	D	J
G	F	T	X	Q	U	M	Q	P	E	O	R	E	N	N	Ë
W	S	O	U	S	M	N	P	Y	R	M	U	N	Z	J	J
V	O	Z	D	W	O	H	G	D	Y	A	U	I	X	J	M
M	N	F	Z	E	Y	U	P	E	D	T	C	D	O	B	M
F	A	M	I	L	L	H	U	H	R	E	H	M	F	R	S
M	Ë	T	T	E	G	F	K	Y	J	I	T	U	T	I	Z
P	P	I	K	W	Q	Z	B	I	E	F	G	S	K	V	B
F	O	F	Q	P	U	Y	M	V	P	R	I	I	O	B	Y
E	U	B	I	S	U	U	R	U	A	E	E	K	I	I	V
F	S	A	L	A	T	E	A	P	V	M	S	S	G	U	H
F	W	Z	N	A	T	G	A	G	U	M	S	I	S	J	G
E	Z	Q	L	P	Q	R	W	L	M	U	V	É	N	E	H
R	E	N	N	A	K	I	G	P	V	S	R	M	R	D	M
A	M	Z	H	B	S	L	Q	D	H	S	T	E	W	C	D
O	O	R	A	V	F	L	Y	U	R	B	R	G	U	Y	U

WAARM
MESSER
MËTTEG
DINER
KANNER
SUMMER
HUNGER
FAMILL
FRUUCHT GIESS
GRILL
MVP
GEMÉIS
MUSIK
ËNNER
PFEFFER
HUHN
SALATE
SOUS
SALZ
TOMATE

63 - Forêt Tropicale

U	G	E	M	E	N	G	R	Z	K	H	D	M	V	A	W
I	G	X	T	C	N	H	Q	A	V	L	T	S	M	M	O
N	B	E	P	N	R	D	U	K	O	E	I	A	O	P	L
S	O	K	T	U	C	D	P	V	O	U	É	M	J	H	K
E	R	E	H	I	J	Q	X	V	S	V	T	Y	A	I	E
K	K	O	C	X	E	D	J	T	G	T	I	G	Z	B	N
T	C	J	S	J	L	R	U	T	A	N	S	O	H	I	E
E	L	S	Ë	O	T	K	E	P	S	E	R	C	Q	E	W
N	J	N	W	O	C	Z	U	N	F	V	E	Z	Ä	R	E
R	E	F	E	R	E	N	Z	E	N	N	V	E	G	M	I
Z	U	F	L	U	C	H	T	B	A	A	I	V	I	K	L
Q	Z	T	P	X	Q	T	Q	T	J	I	D	E	L	G	R
R	E	S	T	A	U	R	A	T	I	O	U	N	V	Y	E
N	Z	K	O	L	M	C	D	B	A	Q	X	Z	X	L	W
O	L	N	G	O	X	J	B	L	E	X	I	Z	F	A	W
K	O	K	A	K	M	Q	W	E	I	J	O	F	U	C	I

AMPHIBIE
ZÄRE
KLIMA
GEMENG
DIVERSITÉIT
INSEKTEN
UGETIEREN
MOOS
NATUR
WOLKEN
VUEL
WËSCHT
REFERENZEN
ZUFLUCHT
RESPEKT
RESTAURATIOUN
IWWERLIEWE

64 - Insectes

L	B	X	P	S	T	K	D	N	Q	C	J	J	L	R	S
A	W	I	F	I	S	Ä	É	W	Y	U	E	N	E	V	L
R	E	N	E	T	M	F	I	H	C	M	Y	Y	K	Q	N
V	S	T	D	N	K	E	S	U	A	L	T	T	A	L	B
E	P	E	A	A	E	R	C	W	D	R	T	Z	L	W	G
L	E	R	K	M	L	T	H	L	S	V	B	H	R	Q	B
L	A	M	I	V	R	Q	L	L	T	O	A	E	E	O	T
E	V	I	Z	R	E	P	E	A	R	J	M	U	K	U	K
B	A	T	P	J	P	G	C	M	O	Y	E	S	A	X	D
I	B	E	Q	R	I	F	H	Ü	T	B	I	C	K	L	A
L	R	N	N	R	Ä	K	T	C	P	E	S	H	U	V	F
E	H	Z	A	O	P	Z	I	K	W	M	E	R	G	S	B
C	D	I	T	G	N	R	T	E	M	K	W	E	A	M	E
F	W	C	I	X	O	Z	S	E	X	V	U	C	L	X	X
L	U	B	E	J	Z	I	N	J	C	L	R	K	J	Y	Q
F	Y	Z	H	C	Z	K	O	B	E	S	M	E	H	Y	Z

BIENE
KAKERLAKE
ZIKADE
DÉISCHLECHT
AMEISE
WESPE
LARVE
LIBELLE
MANTIS
MÜCKE
PÄIPERLEK
FLAU
BLATTLAUS
HEUSCHRECKE
KÄFER
TERMITE
WURM

65 - Ferme #1

X	L	H	K	Z	O	P	O	P	M	K	I	M	E	G	P
T	P	E	K	P	E	T	A	H	V	U	M	R	J	E	D
N	N	C	V	V	X	O	Y	F	L	H	H	R	Y	E	M
W	N	G	P	G	Y	L	O	R	E	I	S	O	K	S	J
W	K	L	I	Z	X	H	U	L	S	X	Y	K	N	S	W
Z	Y	R	A	Y	K	U	B	I	E	N	E	J	Z	I	V
R	F	E	N	Z	Q	H	I	A	U	O	D	N	H	O	G
P	I	S	O	Y	A	N	H	H	W	I	E	F	K	E	N
Q	K	S	S	P	F	K	I	U	R	B	D	N	A	L	I
Q	V	A	I	A	U	L	M	P	Ä	E	R	D	L	E	F
S	B	A	B	K	R	Ä	H	F	N	U	E	N	I	J	Y
S	P	W	D	Ü	N	G	E	R	W	V	H	O	R	D	R
K	A	L	F	X	I	T	U	P	B	C	Q	H	G	Z	T
M	M	I	X	X	Y	V	K	G	G	S	H	J	Z	Y	C
N	O	W	O	E	D	V	V	A	Y	Q	V	G	C	B	G
X	O	U	Z	O	R	L	J	Q	Z	M	V	L	R	G	S

BIENE
LANDBRUIK
ESEL
BISON
FELD
KAZ
PÄERD
GEESS
HOND
FENZ
KRÄH
WAASSER
DÜNGER
HEI
HONIG
HUHN
REIS
HERDE
KUH
KALF

66 - Antarctique

Ä	E	K	V	O	U	Y	Z	L	C	J	K	S	F	C	I
E	I	H	P	A	R	G	O	P	O	T	O	G	U	V	J
A	J	S	T	C	F	C	V	W	E	V	N	Y	E	Z	B
Z	W	C	B	A	G	R	N	R	Y	A	T	M	R	J	T
N	R	M	V	G	T	Z	Y	Z	I	S	I	A	S	R	F
K	N	U	E	M	W	Q	Q	R	J	A	N	E	C	U	A
M	I	G	R	A	T	I	O	U	N	V	E	I	H	T	H
R	E	H	C	S	T	E	L	G	N	I	N	H	E	A	C
E	X	P	E	D	I	T	I	O	U	N	T	P	R	R	S
S	T	Q	H	I	G	Z	F	K	Y	M	W	A	L	E	N
S	L	E	N	N	I	L	L	A	H	I	R	R	E	P	E
A	E	K	U	S	D	B	S	N	X	N	O	G	U	M	S
A	W	U	Q	E	Q	Q	A	R	O	E	C	O	V	E	S
W	M	B	Y	L	K	J	O	Y	N	R	K	E	M	T	Ë
K	Ë	P	V	D	E	T	U	C	T	A	Y	G	B	R	W
R	E	F	E	R	E	N	Z	E	N	L	A	G	G	K	A

BAY
WALEN
FUERSCHER
REFERENZEN
KONTINENT
WAASSER
ËMWELT
EXPEDITIOUN
GEOGRAPHIE
ÄIS

GLETSCHER
INSEL
MIGRATIOUN
MINERAL
VUEL
HALLINNEL
ROCKY
WËSSENSCHAFT
TEMPERATUR
TOPOGRAPHIE

67 - Professions #2

Z	B	F	E	G	Q	I	N	A	K	E	S	Z	L	F	J
U	I	U	D	K	O	T	N	N	D	G	A	O	É	O	O
U	B	E	T	K	O	O	A	G	Z	F	M	O	I	T	U
S	L	R	E	N	T	R	Ä	G	E	P	M	L	E	O	R
E	I	S	K	J	Z	Q	C	N	S	N	E	O	R	G	N
L	O	C	E	R	F	I	N	D	E	R	I	G	I	R	A
D	T	H	P	H	I	L	O	S	O	P	H	E	N	A	L
E	H	E	C	H	I	R	U	R	G	R	P	T	U	F	I
N	É	R	K	B	P	N	S	N	L	Z	U	L	Q	R	S
G	I	T	G	L	I	A	S	T	R	O	N	A	U	T	T
D	K	D	S	L	F	O	V	A	H	F	K	F	Q	O	X
B	O	D	U	Z	W	O	L	T	T	Y	A	F	L	L	S
J	K	K	P	G	X	P	Y	O	N	K	N	O	B	I	W
N	E	W	T	N	A	R	G	R	G	L	O	D	S	P	F
C	A	P	R	E	L	A	M	D	E	T	E	K	T	I	V
E	D	D	T	Z	R	A	N	H	A	Z	A	N	Z	Q	N

ASTRONAUT
BIBLIOTHÉIK
BIOLOG
FUERSCHER
CHIRURG
ZAHNARZT
DETEKTIV
LÉIERIN
INGENIEUR
ERFINDER
GÄRTNER
JOURNALIST
ZU USELDENG
DOKTER
MALER
PHILOSOPH.
FOTOGRAF
PILOT
ZOOLOG

68 - Les Abeilles

S	R	N	V	B	N	E	E	U	Q	V	S	A	F	Ö	B
O	N	O	E	T	E	A	Q	L	Z	L	H	O	R	K	E
E	T	O	S	S	M	S	D	G	W	Y	J	N	U	O	N
G	Y	E	P	Q	M	P	T	U	H	C	P	P	U	S	E
L	N	Y	K	X	U	H	A	Ä	C	H	M	W	C	Y	F
I	X	W	G	T	L	M	M	T	U	G	D	V	H	S	I
Y	E	I	É	L	B	O	F	I	A	B	T	T	T	T	Z
A	L	N	E	D	R	A	G	É	F	R	E	R	G	E	I
F	A	G	I	H	C	N	E	T	K	O	U	R	I	M	E
N	H	S	K	F	L	M	H	I	Z	A	U	P	E	B	L
P	L	A	N	Z	E	N	G	S	H	I	B	W	S	Z	L
B	I	E	N	E	N	K	O	R	B	O	W	R	S	G	M
B	D	P	O	L	L	E	N	E	M	A	N	A	X	C	E
S	C	H	W	A	R	M	E	V	H	A	R	I	C	V	H
I	N	S	E	K	T	O	X	I	S	O	N	N	G	H	G
Z	A	P	X	Z	E	S	W	D	P	X	W	A	J	E	S

WINGS
BENEFIZIELL
WACHS
DIVERSITÉIT
SCHWARM
ÖKOSYSTEM
BLÉI
BLUMMEN
FRUUCHT GIESS
FAUCH
INSEKT
GARDEN
HONIG
MAT
PLANZEN
POLLEN
BESTÄUBER
QUEEN
BIENENKORB
SONN

69 - Santé et Bien Être #2

X	J	A	I	A	Z	M	G	N	U	R	H	Ä	N	R	E
R	M	U	I	T	L	M	Q	E	S	T	R	E	S	S	A
W	H	K	I	V	K	L	Z	P	N	B	L	U	T	C	N
D	C	E	Q	W	X	V	E	J	G	E	U	R	I	E	A
X	O	A	V	E	H	K	B	R	U	X	T	N	E	D	T
P	V	G	G	G	D	U	B	V	G	D	I	I	H	K	O
V	I	T	A	M	I	N	X	D	Z	I	T	H	K	F	M
G	N	U	O	I	T	A	R	D	Y	H	E	D	N	T	I
I	E	O	C	W	L	U	O	N	K	Q	P	D	A	Z	E
L	S	W	N	X	U	U	L	O	D	I	P	S	R	J	E
Z	O	N	I	J	Q	W	G	S	V	J	A	V	K	R	K
A	P	X	J	C	A	T	X	E	T	L	L	E	U	Q	T
Q	U	N	R	N	H	S	Q	G	M	A	S	S	A	G	E
S	Z	F	P	M	Y	T	K	I	E	R	P	E	R	F	O
K	A	L	O	R	I	E	H	Y	G	I	E	N	E	K	P
E	R	H	U	E	L	U	N	G	E	N	E	R	G	I	E

ALLERGIE
ANATOMIE
APPETIT
KALORIE
KIERPER
DEHYDRATIOUN
ENERGIE
GENETIK
SPIDOL
HYGIENE
QUELLTEXT
KRANKHEIT
MASSAGE
ERNÄHRUNG
GEWICHT
ERHUELUNG
GESOND
BLUT
STRESS
VITAMIN

70 - Conduite

I	X	Y	Y	E	E	G	A	R	A	G	N	S	V	B	P
G	S	O	I	V	F	E	Z	J	I	Y	K	A	A	R	T
I	P	Y	A	W	A	F	Y	B	S	Q	T	Z	A	A	G
O	E	F	D	F	S	O	G	Q	N	A	F	R	I	F	N
L	I	Z	E	N	S	R	Q	L	B	D	X	R	S	F	H
G	M	O	T	O	R	E	G	N	Ä	G	S	S	U	O	F
A	E	V	X	M	A	H	T	Y	S	K	S	P	P	T	N
S	A	A	D	L	X	Q	O	U	Y	O	P	C	O	S	L
S	R	H	Y	Y	T	L	W	L	N	H	F	M	L	N	N
B	T	V	I	T	E	S	S	E	S	N	J	F	I	N	K
Y	K	I	F	A	R	T	Y	N	P	E	E	X	C	E	P
Q	C	X	L	X	X	O	L	O	M	S	Q	L	E	R	S
J	U	D	A	R	R	O	T	O	M	M	L	W	Q	B	P
T	R	A	N	S	P	O	R	T	N	E	D	I	C	C	A
H	T	O	F	X	J	P	F	U	P	R	E	L	P	K	B
U	N	R	U	V	J	N	Q	A	T	B	W	D	X	W	I

ACCIDENT
TRUCKT
BRENNSTOFF
KAART
GEFOR
BREMSEN
GARAGE
GASS
LIZENS
MOTOR
MOTORRAD
FOUSSGÄNGER
POLICE
ROAD
SAFE
TRAFIK
TRANSPORT
TUNNEL
VITESSE
AUTO

71 - Plantes

R	S	T	A	M	M	Z	E	L	L	E	B	R	D	Z	T
U	Z	N	Y	X	H	B	X	U	S	F	A	E	U	F	I
P	U	B	M	A	B	Q	J	I	R	B	S	S	R	Q	Z
S	P	A	V	V	D	Q	S	T	M	B	G	S	D	R	S
J	P	M	M	R	M	S	U	E	F	E	A	E	Ü	X	Y
K	W	E	E	B	L	Ë	T	T	D	M	R	U	N	A	B
R	O	O	T	O	O	J	K	G	E	P	D	W	G	R	U
M	O	O	S	U	L	Z	A	R	Y	I	E	C	E	Z	S
F	L	O	R	A	E	B	K	A	U	E	N	E	R	S	C
J	V	B	P	Z	T	L	K	S	U	A	E	A	S	L	H
F	J	X	J	L	X	V	P	S	Z	G	N	S	T	M	F
Q	C	M	F	G	K	F	A	T	B	O	A	M	I	O	V
H	J	X	M	V	S	F	C	G	F	K	B	A	G	M	B
V	E	G	E	T	A	T	I	O	U	N	Q	C	X	Z	A
J	I	M	X	T	D	G	J	J	H	Y	B	C	W	A	W
W	A	L	D	J	D	T	M	U	Q	F	X	Z	J	G	J

BAM
BERRY
BAMBU
BOTANIE
BUSCH
KAKTUS
DÜNGER
BLËTT
BLOEM
FLORA
WALD
WUESSE
BANEN
GRAS
GARDEN
EFEU
MOOS
ROOT
STAMMZELLE
VEGETATIOUN

72 - Ferme #2

J	M	G	S	Y	U	X	V	F	N	G	R	S	E	U	I
D	G	H	V	D	A	C	H	D	R	A	H	C	R	O	R
T	W	E	O	K	V	Z	Z	M	N	H	C	H	B	J	R
Z	G	H	U	K	R	D	X	B	W	M	Y	A	L	K	I
A	D	H	C	D	E	N	T	E	E	M	T	F	L	W	G
I	I	W	B	V	É	O	D	J	E	M	A	M	A	L	A
W	I	E	S	E	P	I	T	K	S	A	M	I	Y	N	T
Q	Y	U	G	M	R	O	E	Q	S	L	D	Y	S	P	I
F	M	U	R	E	U	A	B	R	H	T	Z	U	W	T	O
T	V	E	Ä	N	M	F	R	O	Z	L	K	S	U	R	U
G	F	U	R	U	N	É	H	Z	I	I	G	A	L	A	N
Z	A	V	E	E	U	Y	I	D	N	V	E	M	L	K	S
Y	O	O	G	H	C	G	T	S	O	I	F	R	O	T	H
R	U	Y	H	C	E	L	L	Ë	M	M	I	Q	N	O	Z
D	W	J	Z	S	R	J	X	X	T	U	B	H	Y	R	N
F	R	U	U	C	H	T	G	I	E	S	S	B	E	X	M

LAMM
BAUER
DÉIER
WEESS
ENTE
FRUUCHT GIESS
SCHEUNE
IRRIGATIOUN
MËLLECH
LAMA
GEMÉIS
MAIS
SCHAF
MAT
GERÄR
WIESE
TRAKTOR
ORCHARD

73 - Vacances #2

N	S	T	R	A	N	D	V	Z	J	G	A	E	K	Z	K
I	L	X	A	H	E	Z	S	P	E	T	G	S	A	R	N
E	R	E	I	S	F	A	T	Z	A	A	V	F	A	Z	U
W	Z	T	D	J	A	D	K	L	E	S	N	I	R	O	I
E	T	I	Z	T	H	E	R	I	B	D	S	K	T	F	T
R	G	Z	A	J	H	X	M	Z	H	O	T	E	L	A	R
O	K	V	L	X	C	L	T	R	A	J	V	P	A	D	A
L	H	G	P	C	U	P	Q	E	S	D	G	Q	M	P	N
L	K	F	S	T	L	L	S	N	P	X	M	F	K	C	S
K	H	R	G	X	F	H	W	N	I	S	Y	X	Z	B	P
N	P	U	N	L	G	K	K	Ä	L	V	P	O	F	I	O
F	R	É	I	S	C	H	T	L	E	Z	I	K	N	W	R
H	S	G	P	A	M	H	C	S	G	P	H	S	F	M	T
V	X	Q	M	M	R	P	Z	U	R	X	O	I	A	I	R
U	L	C	A	J	H	Y	P	A	Z	U	S	F	P	E	A
R	Q	H	C	O	C	N	Y	A	M	W	C	M	T	R	C

FLUCHHAFEN
CAMPINGSPLAZ
KAART
ZIL
AUSLÄNNER
HOTEL
INSEL
FRÉISCHT
MIER
PASS
STRAND
NIEWEROLL
ZELT
ZUCH
TRANSPORT
VISA
REIS

74 - Éthique

G	Z	U	E	N	T	I	T	V	O	A	G	I	S	R	M
P	X	I	M	H	E	M	O	W	P	L	S	Q	P	A	I
T	H	C	S	N	Ë	M	L	R	T	T	O	C	R	S	T
N	D	I	I	D	Z	I	E	J	I	R	F	Z	O	O	G
V	H	T	L	J	A	R	R	I	M	U	M	L	O	N	E
G	E	M	A	O	Y	T	A	T	I	I	K	T	C	A	F
Q	E	O	E	V	S	L	N	Y	S	S	L	O	H	B	Ü
G	W	D	R	G	X	O	Z	F	M	M	X	S	V	L	H
S	G	W	O	C	R	F	P	L	U	U	G	R	Q	E	L
I	S	Q	Z	L	N	U	T	H	S	S	É	G	C	R	R
E	N	E	N	R	D	J	O	F	I	K	I	Ë	W	F	G
W	E	I	S	C	H	T	S	K	N	E	F	T	X	R	L
K	O	O	P	E	R	A	T	I	O	U	N	T	B	E	G
R	A	T	I	O	N	A	L	I	T	Ä	T	R	M	C	P
E	Z	N	A	D	I	P	L	O	M	A	T	I	S	C	H
I	N	T	E	G	R	I	T	É	I	T	O	M	H	V	M

ALTRUISMUS
MITGEFÜHL
KOOPERATIOUN
GÉIF
DIPLOMATISCH
GËTT
SPROOCH
MËNSCHT
INTEGRITÉIT
OPTIMISMUS
GEDOLD
PHILOSOPHIE
RASONABLE
RATIONALITÄT
REALISME
WEISCHT
TOLERANZ

75 - Temps

M	O	S	S	A	J	E	X	T	S	Y	I	G	A	D	P
M	O	V	B	J	E	K	R	B	O	A	B	E	E	K	S
F	L	U	O	Q	Z	O	W	A	D	S	X	S	Z	A	H
R	E	B	N	R	E	T	S	E	G	J	V	C	Q	P	A
F	D	X	E	T	A	N	N	U	E	L	L	H	N	Z	M
R	A	E	I	J	T	C	O	E	N	U	Q	W	P	F	K
T	K	B	O	V	Z	U	P	D	O	O	W	O	C	H	N
K	E	M	M	F	Z	L	N	N	O	T	S	K	Z	Q	U
Q	D	K	X	I	N	Y	C	I	A	W	Y	A	U	L	E
J	Z	M	C	R	E	U	A	I	M	P	S	L	K	H	C
P	O	H	K	N	D	X	U	H	M	O	O	E	U	F	H
T	A	E	M	M	I	F	I	E	J	I	Y	N	N	H	T
D	Y	D	R	X	E	H	D	W	Q	N	Q	D	F	M	V
O	D	S	I	V	M	I	Z	H	I	S	M	E	T	R	B
V	M	Z	T	D	T	R	E	N	N	O	H	R	E	O	J
R	M	W	J	Q	T	W	Q	M	Q	H	X	Z	O	U	X

JOER
ANNUELL
NO
FIR
GESCHW
KALENDER
DEKADE
ZUKUNFT
STONN
GESTERN

AUER
DAG
ELO
MOIEN
MEIDEN
MINUTT
MOUNT
NUECHT
WOCH
JOERHONNERT

76 - Maison

U	D	O	K	B	I	H	D	K	D	D	P	X	U	M	V
Q	R	E	U	A	M	E	O	E	A	M	P	X	G	E	M
T	K	I	C	Y	L	Z	U	L	C	B	M	N	I	M	H
P	M	O	T	K	S	L	S	L	H	E	F	Q	G	Q	S
A	U	N	C	S	E	B	C	E	I	S	P	F	M	H	L
H	E	Q	J	H	T	N	H	R	J	E	U	D	S	B	P
D	G	Z	K	Z	N	E	F	C	H	N	Q	K	R	K	T
Z	A	P	L	G	I	I	I	C	C	X	E	E	N	C	Y
H	R	C	U	D	M	I	S	W	F	Ë	N	S	T	E	R
L	A	S	H	P	A	S	N	C	J	B	G	Y	K	W	I
A	G	U	R	B	K	X	T	X	H	Y	K	J	W	A	F
M	N	M	A	C	O	U	Z	U	L	E	G	E	I	P	S
P	U	M	N	T	K	D	G	A	R	D	E	N	Q	S	J
E	H	E	S	K	B	K	E	T	O	I	L	B	I	B	J
W	M	R	E	I	D	G	H	N	B	Z	P	Q	W	S	J
W	H	P	F	E	I	L	T	A	S	T	E	N	P	M	B

BESEN
BIBLIOTEK
SUMMER
KAMIN
PFEILTASTEN
FENZ
KOCHNISCHE
DOUSCH
FËNSTER
GARAGE
DACHBODEN
GARDEN
LAMPE
SPIEGEL
MAUER
DECKEN
DIER
KELLER
SPAWECK
DACH

77 - Légumes

R	S	B	P	L	J	L	K	K	J	P	H	R	T	A	L
S	C	R	R	E	J	U	D	M	Ü	L	M	G	O	Z	D
N	H	O	H	P	T	X	R	V	P	R	Q	C	M	I	U
Q	A	K	G	P	O	E	P	S	G	C	B	F	A	I	E
Z	L	K	C	O	R	I	R	E	N	N	Ë	I	T	C	K
S	L	O	X	R	R	N	C	S	E	G	E	Z	S	S	C
P	O	L	S	T	A	G	Z	W	I	G	Q	L	Z	A	O
S	T	I	C	T	K	W	H	Z	E	L	P	A	H	L	H
P	O	L	I	V	G	E	B	H	L	C	I	L	L	A	C
I	E	R	B	S	E	R	Z	P	K	W	I	E	A	T	S
N	K	B	M	L	K	N	U	E	W	E	L	E	K	N	I
A	R	A	D	I	S	C	H	A	L	G	E	Y	O	H	T
T	U	S	E	L	L	E	R	I	E	V	W	O	W	X	R
W	G	V	Q	Y	O	V	M	H	M	H	L	D	X	E	A
C	O	V	K	A	A	N	O	E	K	V	K	P	N	A	P
U	M	B	R	M	S	L	P	D	P	A	Z	S	E	Z	D

KNUEWELEK
ALGE
ARTISCHOCKE
EEGPLANT
BROKKOLI
KARROT
SELLERIE
KÜRBIS
GURKE
SCHALLOT

SPINAT
INGWER
TROPPEL
ËNNER
OLIV
PETERSILIE
ERBSE
RADISCH
SALAT
TOMAT

78 - Plage

I	V	D	A	D	B	Z	A	B	E	K	A	B	U	U	H
D	J	F	F	I	R	F	O	K	P	Q	H	D	C	C	K
Z	Q	X	E	R	E	P	U	I	V	K	R	A	A	I	E
V	Y	R	G	S	I	O	D	B	C	J	J	T	S	J	G
L	V	H	Q	C	M	O	W	L	E	B	W	E	O	L	B
J	A	J	W	H	H	A	N	D	D	U	C	H	N	R	T
J	F	W	R	E	I	K	A	K	P	B	S	H	N	S	I
P	P	I	S	N	R	E	E	J	A	O	Z	R	C	E	N
J	Q	M	M	U	A	D	Z	F	B	O	M	W	D	G	A
G	K	O	N	G	T	E	O	J	S	T	T	P	M	E	D
S	I	R	T	A	K	R	A	B	B	E	S	I	E	L	A
W	A	N	T	L	V	A	K	A	N	Z	E	Ü	Z	B	L
Q	H	N	S	U	X	A	D	D	W	B	D	D	K	O	I
K	E	J	D	E	L	A	D	N	A	S	G	Y	Y	O	X
X	C	S	J	D	L	J	B	E	M	U	R	H	T	T	E
Y	K	C	L	P	E	K	F	L	G	D	Q	L	K	H	X

BOOT
BLO
KÜST
KRABBE
INSEL
LAGUN
MIER
OZEAN
DIRSCHEN
RIFF
SAND
SANDALE
HANDDUCH
SONN
VAKANZ
SEGELBOOT

79 - Famille

V	K	P	D	M	R	F	B	I	F	T	Q	F	D	O	S
I	A	I	Y	Y	Ü	C	H	I	B	G	M	G	M	L	C
R	N	W	R	B	K	T	J	E	B	A	N	P	B	W	H
F	D	Q	I	G	S	P	T	N	S	S	E	I	N	C	W
A	H	G	D	B	C	J	Y	E	I	E	V	S	A	X	Ë
H	E	K	A	B	G	T	G	B	R	K	E	G	C	W	S
R	E	S	Z	U	T	H	N	F	R	L	U	Z	M	P	T
E	T	Y	T	M	A	J	E	D	R	U	I	K	A	P	E
A	M	A	M	M	N	D	S	R	Z	A	D	C	U	A	R
Q	Y	V	T	U	T	B	O	M	I	C	M	D	H	P	U
F	D	A	P	K	K	D	K	X	U	F	P	J	E	P	L
V	Ä	T	E	R	L	I	C	H	D	V	L	I	N	R	C
M	A	A	B	J	E	R	R	K	A	N	N	E	R	Z	M
A	F	C	S	A	K	G	R	O	U	S	S	P	A	P	P
N	S	M	G	E	N	N	K	Q	W	K	A	N	D	H	S
N	V	I	B	P	O	D	U	E	C	H	T	E	R	O	S

VIRFAHRE
KOSENG
KANDHEET
KAND
KANNER
FRA
DUECHTER
BRUDDER
BOMI
GROUSSPAPP
MANN
MÜTTERLICH
MAMM
NEVEU
NIESS
ONKEL
VÄTERLICH
PAPP
SCHWËSTER
TANT

80 - Oiseaux

N	A	D	I	W	D	P	U	G	G	E	E	D	C	V	I
A	K	Y	Q	T	O	O	E	Z	H	Ä	R	K	O	I	B
E	C	G	R	I	U	F	V	L	L	F	I	L	L	O	T
K	E	F	C	V	W	L	Ö	G	I	T	P	S	U	F	R
D	E	G	S	Q	E	V	M	X	A	K	T	C	M	S	L
V	B	O	Q	Z	N	E	S	C	I	I	A	Y	B	W	U
T	T	K	U	C	K	S	P	A	U	E	R	N	A	A	E
N	F	A	D	L	E	R	X	W	S	G	G	I	U	N	V
Y	R	X	V	J	P	O	P	B	N	A	C	U	O	T	S
J	U	H	N	X	S	A	V	Y	U	P	J	G	K	H	D
O	S	T	R	U	U	S	V	L	P	A	U	N	S	D	L
A	G	W	X	R	Q	Y	C	O	V	P	N	I	T	O	D
R	E	I	H	E	R	Y	C	R	I	C	Z	P	O	C	H
Z	N	W	J	R	W	X	R	N	O	S	B	U	R	I	U
X	B	K	K	K	A	G	B	C	Q	D	T	K	C	T	H
S	T	D	C	O	W	V	T	E	N	T	E	G	H	D	N

ADLER
STRUUS
ENTE
STORCH
DOUWEN
KRÄH
KUCK
SWAN
REIHER
PINGUIN
SPAUER
MÖVE
EEG
GÄIS
PAVO
PAPAGEI
PELIKAN
COLUMBA
HUHN
TOUCAN

81 - Disciplines Scientifiques

N	I	M	M	U	N	O	L	O	G	I	E	D	T	H	X
E	S	L	E	I	G	O	L	O	R	O	E	T	E	M	T
U	B	O	T	A	N	I	E	N	Q	Z	I	N	I	B	H
R	E	I	G	O	L	A	R	E	N	I	M	E	G	I	E
O	L	I	N	G	U	I	S	T	I	K	O	H	O	O	R
L	E	G	G	D	C	E	Z	K	B	I	N	B	L	L	M
O	B	B	X	O	L	I	B	U	T	N	O	I	O	O	O
G	S	E	Q	S	L	G	I	G	D	A	R	O	I	G	D
I	E	I	G	O	L	O	K	Ö	J	H	T	C	C	I	Y
E	I	G	K	X	G	L	H	C	U	C	S	H	O	E	N
D	M	O	W	C	D	O	K	C	Q	E	A	E	S	C	A
I	E	L	Q	A	R	E	N	L	Y	M	V	M	I	S	M
O	H	O	X	W	W	H	Q	P	K	S	G	I	R	G	I
Q	C	E	B	B	L	C	E	P	A	D	P	E	L	M	K
J	M	G	O	L	J	R	A	N	A	T	O	M	I	E	J
I	S	S	K	W	V	A	Z	O	O	L	O	G	I	E	Z

ANATOMIE
ARCHEOLOGIE
ASTRONOMIE
BIOCHEMIE
BIOLOGIE
BOTANIE
CHEMIE
ÖKOLOGIE
GEOLOGIE
IMMUNOLOGIE
LINGUISTIK
MECHANIK
METEOROLOGIE
MINERALOGIE
NEUROLOGIE
PSYCHOLOGIE
SOCIOLOGIE
THERMODYNAMIK
ZOOLOGIE

82 - Maladie

G	E	N	E	T	I	S	C	H	B	A	X	I	D	S	W
V	R	A	M	M	U	L	T	H	F	L	Y	X	I	K	G
I	E	I	H	T	A	P	O	R	U	E	N	K	K	E	H
B	M	R	Z	E	U	E	I	D	K	H	Q	P	Q	L	V
A	O	M	I	G	N	B	W	L	I	C	Ä	R	K	E	I
K	R	G	U	E	Q	R	E	V	E	U	O	R	O	T	E
T	D	E	U	N	R	N	R	R	R	A	B	A	Z	T	N
E	N	S	S	E	I	W	L	K	P	B	Q	U	S	G	T
R	Y	O	T	I	H	T	E	G	E	W	M	E	T	A	Z
I	S	N	I	G	O	H	É	N	R	V	S	G	P	Y	Ü
A	B	D	E	R	M	C	E	I	P	A	R	E	H	T	N
L	J	H	C	E	M	A	U	F	T	Z	P	K	C	K	D
Z	T	E	H	L	P	W	J	K	V	R	T	T	P	R	U
I	S	E	E	L	L	H	Z	P	X	F	B	J	H	P	N
H	P	T	N	A	E	C	K	K	J	O	S	J	G	X	G
B	S	N	D	K	B	S	C	H	R	O	N	E	S	C	H

BAUCH
ALLERGIEN
BAKTERIAL
CHRONESCH
USTIECHEND
KIERPER
HÄRZ
SCHWACHT
GENETISCH
VERIERWEN
IMMUNITÉIT
ENTZÜNDUNG
NEUROPATHIE
SKELETT
ATEMWEGE
GESONDHEET
SYNDROM
THERAPIE

83 - Univers

B	J	R	S	A	D	Ä	I	S	C	H	T	E	R	T	B
R	R	W	C	S	S	I	E	R	K	R	E	I	T	E	S
E	T	E	B	Q	O	T	N	O	Z	I	R	O	H	U	G
E	I	H	Y	B	W	D	R	A	T	M	O	S	F	Ä	R
D	V	D	X	B	B	O	P	O	K	S	E	L	E	T	A
E	Y	L	S	E	H	B	E	O	N	V	Q	Q	Y	Z	L
G	H	E	M	I	S	P	H	Ä	R	O	K	I	M	Q	O
R	C	M	Z	O	S	O	J	O	G	A	M	J	S	A	S
A	S	M	K	Y	C	M	R	E	Q	U	A	T	O	R	J
D	I	I	L	Ä	N	G	T	B	O	M	O	U	N	T	N
D	M	H	H	N	Q	H	B	D	I	O	R	E	T	S	A
A	S	T	R	O	N	O	M	I	E	T	Q	L	Q	W	G
I	O	D	L	U	E	I	G	G	A	L	A	X	Y	C	V
A	K	Z	V	A	R	S	S	O	V	B	Z	U	Y	F	M
V	I	S	E	M	E	D	N	E	W	N	E	N	N	O	S
G	R	O	Q	F	T	Q	B	K	G	Q	I	R	R	A	T

ASTEROID
ASTRONOM.
ASTRONOMIE
ATMOSFÄR
HIMMEL
KOSMISCH
EQUATOR
GALAXY
HEMISPHÄR
HORIZONT

BREEDEGRAD
LÄNGT
MOUNT
DÄISCHTERT
ORBIT
SOLAR
SONNENWENDE
TELESKOP
GESINN
TIERKREIS

84 - Géographie

S	I	V	B	Z	Z	A	E	A	K	X	A	I	H	O	N
K	A	A	R	T	N	E	N	I	T	N	O	K	E	Z	E
S	O	L	N	K	E	A	P	D	S	Z	W	L	M	E	X
J	D	E	T	J	D	B	I	S	T	A	D	Q	I	A	L
O	F	O	D	A	Ü	J	L	D	N	A	L	E	S	N	I
L	B	D	N	B	S	H	C	H	I	I	W	Z	P	W	Z
I	A	N	W	H	N	Ö	M	D	Z	R	L	D	H	E	F
G	Q	N	P	V	O	C	X	R	G	H	E	F	Ä	L	F
T	B	E	D	B	R	H	F	M	J	F	V	M	R	T	O
M	M	T	H	I	D	T	Q	K	C	F	W	F	E	C	E
F	I	S	V	E	E	T	E	R	R	I	T	O	I	R	E
L	M	E	X	R	N	R	D	Y	G	I	K	D	M	M	E
O	B	W	J	G	R	E	G	I	O	U	N	S	M	H	S
S	B	Z	B	R	E	E	D	E	G	R	A	D	Z	J	C
G	V	S	Y	K	S	V	O	I	T	H	H	X	K	V	H
F	G	A	J	D	Q	T	K	N	X	Z	K	N	P	A	D

HÖCHT
ATLAS
KAART
KONTINENT
FLOS
HEMISPHÄR
INSEL
BREEDEGRAD
MIER
MERIDIAN

WELT
BIERG
NORDEN
OZEAN
WESTEN
LAND
REGIOUN
SÜDEN
TERRITOIRE
STAD

85 - Danse

T	R	A	D	I	T	I	O	N	E	L	L	X	N	R	K
G	D	P	A	R	T	N	E	R	N	L	T	M	F	H	O
Z	N	K	R	T	H	J	F	I	H	E	K	H	X	Y	N
K	J	A	J	L	C	B	Y	L	T	R	B	W	U	T	S
L	U	R	D	L	S	B	O	Y	I	U	A	K	G	H	C
A	G	N	U	E	Ë	A	N	O	I	T	O	M	E	M	H
S	L	U	B	U	R	C	B	P	T	L	L	J	J	U	T
S	A	Z	E	S	F	A	Z	E	F	U	Q	Q	T	S	U
I	B	R	S	I	R	D	L	S	W	K	U	B	V	O	I
S	R	F	K	V	C	E	W	P	Y	E	M	X	Q	D	G
C	W	V	Q	X	G	M	P	A	S	A	G	Y	V	B	V
H	Z	E	H	C	S	I	Ä	R	K	I	S	U	M	X	B
L	K	A	A	I	P	E	P	I	E	Y	Y	P	N	X	C
K	U	L	T	U	R	O	F	I	T	I	M	R	U	G	C
L	R	E	U	F	O	C	G	X	B	F	K	U	G	Z	C
C	H	O	R	E	O	G	R	A	P	H	I	E	X	Q	E

ACADEMIE
KONSCHT
CHOREOGRAPHIE
KLASSISCH
KIERPER
KULTUR
KULTURELL
KRÄISCHE
EMOTION
GNADE
FRËSCHT
BEWEGUNG
MUSIK
PARTNER
RHYTHMUS
TRADITIONELL
VISUELL

86 - Bâtiments

K	A	L	W	V	A	T	O	Y	U	A	R	W	S	T	P
K	A	D	Z	W	V	T	B	H	S	H	R	P	C	I	E
A	H	B	T	B	N	T	S	H	O	X	O	L	H	É	R
P	T	H	I	I	G	H	E	L	U	T	F	J	L	T	I
L	K	E	P	N	M	E	R	A	R	W	E	P	O	I	O
H	R	O	W	O	N	A	V	P	Z	N	N	L	S	S	T
O	A	K	U	I	V	T	A	P	J	L	U	O	K	R	A
F	M	K	T	D	O	E	T	A	N	K	E	D	M	E	R
A	R	U	T	A	S	R	I	R	J	Y	H	I	M	V	O
B	E	A	E	T	O	S	O	T	G	Y	C	P	Y	I	B
R	P	K	G	S	M	A	U	E	L	S	S	S	B	N	A
I	U	O	A	P	U	R	N	M	K	S	C	H	O	U	L
E	S	B	R	Z	N	M	L	E	I	A	T	U	R	M	W
K	M	J	A	E	Y	D	A	N	N	B	X	J	H	W	C
C	A	Z	G	L	M	H	D	T	O	M	E	D	W	Y	S
T	X	B	W	T	Q	I	M	O	M	A	S	J	O	L	V

AMBASSY
APPARTEMENT
KABINN
SCHLOS
KINO
SCHOUL
GARAGE
SCHEUNE
SPIDOL
HOTEL
LABORATOIRE
MUSEUM
OBSERVATIOUN
STADION
SUPERMARKT
ZELT
THEATER
TURM
UNIVERSITÉIT
FABRIEK

87 - Activités et Loisirs

D	P	B	A	Y	Y	H	T	H	C	S	N	O	K	Y	S
E	E	K	E	U	D	G	E	F	U	S	S	B	U	S	C
V	M	A	X	N	J	P	N	R	E	L	A	X	E	N	H
I	Q	H	R	T	F	I	N	E	S	L	T	X	E	E	E
S	L	Y	E	Y	O	E	I	U	M	A	M	U	B	D	M
E	C	R	K	G	J	Z	S	A	L	B	N	N	K	R	A
E	I	H	F	E	N	V	P	D	N	Y	B	L	S	A	U
R	X	X	W	T	S	L	L	A	B	E	S	A	B	G	C
Q	S	J	X	A	C	L	A	E	H	L	R	K	X	S	R
Y	C	X	D	N	M	O	T	K	K	L	J	E	F	Y	H
B	A	S	K	E	T	M	Z	G	A	O	G	B	I	I	G
L	K	O	V	X	G	P	E	F	H	V	I	U	O	E	E
E	J	W	Y	H	Q	C	R	N	E	F	R	U	S	X	W
C	A	M	P	I	N	G	S	P	L	A	Z	M	Z	A	A
G	O	L	F	P	L	A	T	Z	G	E	C	Z	T	Z	C
T	G	M	D	O	H	S	I	U	R	U	F	W	V	E	V

KONSCHT
BASEBALL
BASKET
BOX
CAMPINGSPLAZ
FUSSBUS
GOLFPLATZ
GARDEN
SCHWAMMEN
SCHEMA
DAUER
WEIEREN
RELAXEN
SURFEN
TENNISPLATZ
VOLLEYBALL
REES

88 - Livres

T	Q	P	P	O	Ë	S	I	E	H	S	Q	G	Q	A	J
G	E	D	I	C	H	C	L	U	U	A	R	U	Z	T	P
D	X	K	X	P	B	P	H	D	M	M	S	D	X	F	C
T	H	C	I	H	C	S	E	G	O	M	H	B	I	N	A
H	C	E	I	J	O	P	P	H	R	E	Y	N	F	P	K
N	S	I	V	E	V	J	V	V	V	L	J	J	N	Y	G
L	I	T	E	R	A	I	R	E	O	L	C	Y	A	U	Y
H	P	Ä	I	S	R	T	R	E	L	E	I	Z	R	E	L
I	E	T	R	Ä	E	N	T	O	L	Z	T	E	P	R	A
S	N	I	E	N	S	A	X	P	B	I	H	R	S	Z	D
T	A	L	S	I	N	V	E	N	T	I	V	U	A	E	T
O	N	A	M	O	R	E	T	F	S	I	X	T	U	B	R
R	X	U	O	O	L	L	N	K	N	R	K	N	T	G	N
I	F	D	H	X	G	E	O	W	S	B	V	E	E	I	U
S	G	L	L	X	F	R	K	F	N	Q	O	V	U	C	Q
K	S	H	D	T	R	A	G	I	S	C	H	A	R	Q	W

AUTEUR
AVENTURE
SAMMEL
KONTEXT
DUALITÄT
EPISCH
GESCHICHT
HISTORISK
HUMORVOLL
INVENTIV
LIESER
LITERAIRE
ERZIELER
SÄIT
RELEVANT
GEDICH
POËSIE
ROMAN
SERIE
TRAGISCH

89 - Pays #2

P	H	L	V	M	S	A	N	A	G	U	Y	I	J	M	E
O	A	G	A	R	C	X	G	D	H	T	V	M	Q	U	X
W	I	K	R	A	M	E	N	E	I	N	A	B	L	A	G
P	N	N	I	A	R	K	U	C	L	L	D	A	S	X	H
K	E	Z	T	S	O	Q	P	Y	N	O	N	A	B	I	L
H	K	D	Ï	K	T	T	V	Y	B	S	G	G	L	J	Y
G	C	S	A	B	G	A	D	D	H	N	R	G	A	A	W
L	M	S	H	B	M	D	N	A	D	U	S	E	T	P	G
A	E	I	E	E	L	S	Y	R	I	E	N	Z	F	A	A
O	X	R	W	S	R	U	S	S	L	A	N	D	P	N	I
S	I	L	E	V	E	B	W	B	S	O	M	A	L	I	A
F	K	A	F	R	A	N	K	R	Ä	I	C	H	Y	B	F
E	O	N	M	H	E	Ż	I	J	A	M	A	I	K	A	Y
L	B	D	Z	S	P	M	J	H	O	Z	W	R	G	Y	U
J	Y	J	I	F	X	L	J	B	C	L	X	K	O	I	F
G	B	U	A	E	K	X	R	M	A	B	X	G	L	A	N

ALBANIEN
CHINESESCH
NEMARK
FRANKRÄICH
HAÏTI
AGELOGGT
IRLAND
JAMAIKA
JAPAN
KENIA
LAOS
LIBANON
MEXIKO
UGANA
PAKISTAN
RUSSLAND
SOMALIA
SUDAN
SYRIEN
UKRAIN

90 - Fournitures d'Art

R	P	B	N	X	U	J	W	R	C	K	D	G	E	S	C
A	A	J	O	C	D	N	O	M	F	U	A	L	A	T	O
D	P	R	M	Q	Q	M	N	U	K	E	K	M	N	R	E
I	I	E	L	E	F	F	A	T	S	L	L	K	E	N	B
E	E	M	H	G	N	T	T	O	D	E	H	R	T	R	R
R	R	D	M	O	A	C	I	X	P	G	Z	E	F	E	A
G	L	N	F	T	I	L	T	H	M	G	K	A	I	S	F
U	I	D	E	E	N	W	N	I	I	S	M	T	T	S	R
M	T	F	P	K	S	Y	W	G	N	C	L	I	S	A	E
M	A	V	Y	Q	V	L	E	I	M	T	Y	V	I	A	S
I	B	A	C	A	O	H	Y	U	T	M	E	I	E	W	S
W	E	M	T	Y	J	X	J	R	H	F	Q	T	L	M	A
E	L	U	R	M	Y	K	S	G	C	O	T	É	B	T	W
N	I	E	W	E	F	L	Ë	S	S	A	P	I	B	C	L
L	N	G	X	D	R	E	R	Q	Ë	T	K	T	Q	Z	C
X	D	Z	Z	B	L	I	D	W	B	T	I	H	S	O	O

ACRYL
WASSERFARBE
NIEWEFLËSS
BËSCHT
KAMERA
HL
STAFFELEI
LEIM
BLEISTIFTE
KREATIVITÉIT
WAASSER
TINTE
RADIERGUMMI
UELEG
IDEEN
PAPIER
TABEL

91 - Eau

S	C	Q	I	E	F	A	R	D	Q	I	V	D	Z	U	D
A	L	D	E	I	N	T	M	Z	Z	A	K	P	A	U	U
L	U	P	H	T	K	B	W	Y	L	Q	D	F	F	E	E
B	I	D	J	V	H	D	N	E	L	L	E	W	G	Y	C
H	P	Z	P	Y	E	O	U	D	E	W	N	J	N	E	H
O	R	P	B	K	S	U	O	X	I	R	A	O	U	M	T
J	T	V	W	G	E	S	I	Y	H	E	E	U	T	O	E
L	H	X	P	E	M	C	T	Q	T	S	Z	E	S	N	R
F	L	O	S	I	Ä	H	A	O	I	I	O	G	N	S	E
F	I	I	C	H	T	E	G	K	E	E	T	A	U	U	N
L	F	É	D	M	T	Q	I	C	C	G	A	T	D	N	C
B	K	S	N	A	K	O	R	C	Z	I	X	Y	R	L	R
A	A	D	M	H	M	I	R	J	Z	K	A	B	E	Y	D
W	N	F	O	P	C	P	I	G	B	H	S	P	V	F	H
F	A	M	W	O	Z	S	H	U	R	R	I	C	A	N	P
O	L	U	P	X	J	X	Q	O	Z	I	S	Z	V	C	T

KANAL
DOUSCH
VERDUNSTUNG
FLOS
DUECHTEREN
GEISER
ÄIS
FIICHTEGKEET
IRRIGATIOUN
SÉI
MONSUN
SCHNÉI
OZEAN
HURRICAN
REEN
WELLEN
DAMP

92 - Jazz

X	V	G	Q	H	J	C	O	N	C	E	R	T	K	T	D
D	R	U	M	U	B	L	A	K	D	M	P	L	L	E	B
Q	X	Z	I	U	L	L	A	H	K	I	S	U	M	K	D
F	A	V	O	R	I	T	E	N	Ë	K	C	P	A	N	L
O	K	K	X	R	T	E	H	G	N	H	I	D	D	I	L
R	S	S	S	I	K	N	I	W	S	R	W	X	E	K	Q
C	G	Y	U	G	R	F	B	S	C	L	A	V	Q	K	R
H	S	J	G	Y	N	S	U	M	H	T	Y	H	R	H	M
E	N	F	L	A	N	E	P	Y	T	E	F	G	H	R	T
S	S	T	I	L	L	D	C	I	L	A	D	W	F	Q	S
T	S	I	N	O	P	M	O	K	E	B	M	V	Z	B	S
E	N	H	G	E	M	M	W	D	R	E	B	E	T	O	N
R	Z	X	K	K	L	N	Z	Q	U	R	W	W	R	S	Z
Q	K	I	X	P	Q	A	E	R	R	U	F	K	O	V	A
G	E	C	I	Q	G	N	T	I	S	M	O	V	G	T	Q
V	J	U	P	F	W	F	Q	Y	G	T	V	O	K	M	J

BETON
ALBUM
KËNSCHTLER
BERUMT
LIDD
KOMPONIST.
CONCERT
FAVORITEN
MUSIK
NEI
ORCHESTER
RHYTHMUS
STIL
TALENT
DRUM
TEKNIKK
AL

93 - Paysages

W	X	G	L	Q	T	K	X	T	G	E	I	S	E	R	I
J	F	L	B	O	Q	U	H	X	I	L	R	S	I	E	N
A	O	A	V	A	L	E	N	N	I	L	L	A	H	I	S
J	X	Z	K	E	K	P	J	D	N	A	R	T	S	M	E
W	M	I	N	Q	T	C	M	V	R	L	A	W	T	V	L
R	J	E	W	L	N	B	H	H	I	A	M	L	C	H	N
O	S	R	E	O	F	V	A	I	N	K	L	K	M	E	O
B	O	U	D	L	L	A	F	R	E	S	S	A	A	W	A
I	L	D	M	S	É	I	J	Y	V	L	H	I	L	L	S
N	F	G	Y	P	I	V	G	J	B	L	Q	N	K	G	F
H	Z	I	L	M	F	U	A	J	I	A	D	H	S	E	A
L	W	H	D	T	Z	L	I	O	E	D	J	V	D	Q	U
Z	T	M	D	R	Z	K	J	Y	R	A	U	T	E	O	S
M	J	H	P	H	A	A	Z	Y	G	Q	I	E	D	N	T
E	L	F	K	U	X	N	B	H	K	L	X	V	H	F	E
Y	L	A	A	Y	X	M	V	Q	Q	G	Z	Z	D	X	J

WAASSERFALL
HILL
STE
ETUARY
FLOS
GEISER
GLAZIER
HIEL
ROBIN
INSEL
SÉI
SUMPF
MIER
BIERG
OAS
HALLINNEL
STRAND
TUNDRA
DALL
VULKAN

94 - Pays #1

A	L	E	U	Z	E	N	E	V	K	E	R	S	W	E	D
N	R	Q	I	M	A	R	O	K	K	O	D	K	R	L	Ä
E	C	G	P	O	L	E	N	T	R	L	E	A	R	S	I
N	R	A	E	X	T	D	T	H	F	W	E	N	T	V	T
N	N	N	N	N	E	G	E	W	R	O	N	A	M	T	S
I	D	T	O	A	T	K	Y	U	I	S	T	D	W	G	C
P	N	H	G	U	S	I	L	A	M	S	B	A	B	G	H
P	A	W	K	J	J	T	N	V	Y	O	R	U	J	L	L
I	L	N	S	A	L	C	A	I	N	N	A	C	J	A	A
L	N	E	A	E	O	S	M	S	E	M	S	S	I	J	N
I	N	Y	L	M	M	Z	M	B	I	N	I	M	D	F	D
H	I	B	Z	M	A	H	R	B	N	O	L	V	Q	V	C
P	F	I	I	N	D	I	E	N	E	S	I	F	S	D	L
A	G	L	D	X	R	O	D	A	U	C	E	U	T	Y	S
I	T	A	L	I	E	N	X	P	P	H	N	Z	E	E	S
R	U	M	Ä	N	I	E	N	Z	S	R	I	G	J	J	T

DÄITSCHLAND
ARGENTINIEN
BRASILIEN
KANADA
SPUENIEN
ECUADOR
FINNLAND
INDIEN
ISRAEL
ITALIEN
LIBYEN
MALI
MAROKKO
ANASTASIO
NORWEGEN
PANAMA
PHILIPPINNEN
POLEN
RUMÄNIEN
VENEZUELA

95 - Nombres

V	C	M	K	K	A	N	O	A	Z	G	Q	O	Z	I	G
V	P	Q	G	G	N	É	N	N	A	W	F	A	É	U	K
H	S	S	E	C	H	Z	E	H	N	C	I	E	N	V	E
P	D	E	Z	I	E	D	O	H	M	E	H	E	G	E	W
N	E	G	N	É	Z	R	E	I	É	V	W	T	L	V	H
A	Z	I	A	W	B	S	Q	P	D	E	O	E	V	E	P
Z	I	Q	W	U	E	D	R	Ä	I	J	S	F	S	H	F
O	M	F	Z	U	I	V	I	E	R	E	J	O	G	D	F
C	A	C	U	X	S	E	Q	X	J	F	U	V	N	G	D
Z	L	H	I	U	W	F	U	E	C	H	T	Z	É	N	G
W	L	I	M	D	W	Y	U	U	O	T	E	S	Z	É	N
E	U	F	Z	S	U	F	M	T	L	W	Q	W	F	Z	É
E	N	P	W	M	S	E	C	H	S	I	X	C	O	I	Z
T	Q	W	B	C	O	R	R	A	T	M	N	Q	F	Ä	N
K	S	Z	L	Y	M	Z	N	B	G	K	S	Q	F	R	O
Z	Q	Q	S	X	F	Ë	N	N	E	F	A	W	W	D	N

FËNNEF
ZWEE
DEZIMAL
ZÉNG
UECHTZÉNG
NONZÉNG
SIEBZEHN
ZWIELEF
AACHT
NÉNG

VÉIERZÉNG
VIER
FOFZÉNG
SECHZEHN
SEWEN
SECHS
DRÄIZÉNG
DRÄI
ZWANZEG
NULL

96 - Psychologie

P	N	K	F	R	F	I	C	K	G	X	B	P	S	R	R
T	E	J	G	N	U	T	R	E	Ä	W	E	B	E	S	E
H	M	R	T	E	E	H	D	N	A	K	O	E	G	N	A
E	M	Z	S	N	P	E	C	T	T	S	V	L	N	H	L
R	E	M	S	O	K	R	J	T	J	W	R	A	U	C	I
A	R	L	U	I	N	O	O	F	C	E	S	H	M	S	T
P	D	T	W	T	C	A	N	B	C	P	X	R	H	I	É
I	C	L	E	O	C	F	L	F	L	I	D	E	E	N	I
E	Z	K	B	M	F	Y	U	I	L	E	B	V	N	I	T
G	L	R	N	E	O	Q	D	I	T	I	M	H	R	L	U
E	Q	W	O	V	N	X	D	G	V	É	K	T	H	K	N
S	E	N	S	A	T	I	O	U	N	R	I	T	A	T	V
P	E	R	S	E	P	T	I	O	U	N	J	T	W	Q	W
B	D	W	C	Y	I	X	F	C	A	C	L	T	R	F	Y
S	U	P	E	R	H	E	L	D	H	G	O	Ë	U	E	M
B	Y	X	W	H	U	R	N	M	M	X	O	G	P	F	E

KLINISCH
WAHRNEHMUNG
VERHALE
KONFLIKT
SUPERHELD
KANDHEET
EMOTIONEN
BEWÄERTUNG
IDEEN
ONBEWUSST
GËTT
PERSEPTIOUN
PERSONALITÉIT
PROBLEM
REALITÉIT
DREMMEN
SENSATIOUN
THERAPIE

97 - Nature

A	E	N	T	S	C	H	E	E	D	E	N	D	L	Z	T
D	X	P	Y	H	S	F	U	M	D	I	M	V	D	T	R
R	J	X	L	I	X	S	G	O	J	J	E	G	U	B	M
C	Z	S	E	L	K	K	P	G	E	M	Q	J	F	W	I
A	A	C	B	N	H	K	Q	X	L	L	Y	I	U	B	J
K	E	R	O	S	I	O	U	N	M	A	E	S	F	E	U
B	S	I	T	K	R	A	A	W	M	R	Z	T	D	I	Z
L	N	I	W	W	E	L	D	R	Y	B	X	I	I	E	S
Ë	W	N	P	D	Y	N	A	M	I	S	C	H	E	N	T
T	G	E	U	O	R	W	A	L	D	H	I	H	H	R	E
T	J	K	Z	V	R	Y	H	D	V	E	R	T	N	E	E
B	C	L	R	M	U	T	G	E	L	L	E	H	O	I	M
J	S	O	L	F	H	Q	L	U	D	L	O	Z	O	É	T
L	W	W	K	I	T	A	F	L	N	A	M	Q	H	D	O
G	L	H	E	I	T	E	R	V	Ë	C	U	V	C	W	Z
H	H	L	Q	W	V	C	J	J	E	W	V	Y	S	A	T

BEIEN
DÉIER
ARKTIS
SCHOONHEID
NIWWEL
STE
DYNAMISCH
EROSIOUN
BLËTT
FLOS

WALD
GLAZIER
WOLKEN
ROUEG
HELLEGTUM
WËLLT
HEITER
TROPISK
ENTSCHEEDEND

98 - Chimie

N	B	T	M	L	O	M	E	C	G	Q	S	C	S	O	I
V	U	L	D	O	H	O	Z	K	E	L	C	A	C	M	D
F	U	K	B	Z	Z	L	A	S	W	B	H	L	I	G	E
H	L	X	L	I	Y	E	K	T	I	T	L	L	M	E	D
Ë	D	Ë	Y	Ä	H	K	G	V	C	M	O	L	O	S	R
T	N	I	S	H	R	U	P	U	H	N	R	F	T	X	U
Z	X	F	G	C	M	L	C	N	T	Q	U	T	A	X	Z
T	S	F	P	S	H	K	U	E	L	E	S	T	O	F	F
U	T	O	K	I	N	T	C	V	Q	E	N	Z	K	T	S
K	A	T	A	L	Y	S	A	T	O	R	E	N	Z	Y	M
L	Z	S	I	A	F	I	E	V	K	N	L	I	K	C	F
N	O	R	T	K	E	L	E	U	C	P	L	O	D	K	Z
R	J	E	U	L	I	R	C	K	Y	D	A	N	I	F	P
S	O	U	M	A	U	O	U	X	I	Q	T	E	P	P	N
Q	O	A	B	N	Z	Q	B	N	Z	Q	E	N	E	G	E
N	Y	S	Y	W	V	U	A	N	A	W	M	G	A	S	S

SAIER
ALKALISCH
ATOMIC
KUELESTOFF
KATALYSATOR
HËTZT
CHLOR
ENZYM
ELEKTRON
GASS
IONEN
FLËSCHT
METALLEN
MOLEKUL
NUKLÄR
SAUERSTOFF
GEWICHT
SALZ

99 - Bateaux

F	O	N	T	D	V	G	J	W	D	A	R	G	R	K	J
B	I	K	W	A	I	I	D	B	E	S	O	L	F	J	N
Q	M	C	U	T	O	O	B	L	E	G	E	S	R	P	E
K	F	K	Z	S	U	C	T	Y	P	X	M	E	L	I	K
H	K	C	W	A	Q	L	U	A	O	Q	V	U	L	H	I
S	S	P	V	M	T	Z	F	C	G	X	L	P	X	Z	P
M	O	T	O	R	N	W	S	H	N	W	E	L	L	E	N
Y	Q	E	G	E	A	C	B	T	U	W	E	U	T	P	A
O	H	U	C	I	U	A	O	P	R	A	N	K	E	R	E
G	C	B	I	M	T	B	C	R	E	W	K	X	X	T	Z
J	O	H	W	F	I	O	R	B	K	Q	K	A	N	N	O
H	B	O	S	H	S	Y	Q	Y	L	A	H	R	P	Q	S
Z	M	X	É	D	C	Q	L	M	Ë	I	Y	O	N	I	I
M	Z	I	I	K	H	X	T	P	V	J	U	A	H	D	T
Q	M	I	L	I	T	A	N	T	E	J	S	M	K	C	P
E	E	X	J	C	E	O	K	F	B	N	N	O	C	M	O

ANKER
BUET
KANN
SEEL
CREW
BEVËLKERUNG
FLOS
KAYAK
SÉI
FLUT
MILITANT
MAST
MIER
MOTOR
NAUTISCH
OZEAN
DEE
WELLEN
SEGELBOOT
YACHT

100 - Mesures

G	R	Y	A	W	S	P	L	N	D	B	W	S	K	W	W
R	E	T	E	M	I	T	N	E	Z	E	N	Z	S	U	W
K	T	W	U	H	B	E	N	Y	B	G	Z	Q	U	F	X
L	E	H	I	C	R	G	O	A	H	L	S	I	T	S	O
I	M	S	E	C	H	N	T	R	L	T	G	S	M	S	W
T	O	L	F	F	H	Y	O	P	D	K	R	E	M	A	J
E	L	L	O	Z	T	T	U	N	I	M	A	Z	A	M	L
R	I	B	Y	T	E	F	B	L	Z	Z	D	I	R	B	U
O	K	X	I	N	P	I	U	Q	Z	R	P	L	G	R	T
P	V	S	Z	M	R	É	V	L	Ä	N	G	T	P	E	T
U	P	P	J	Q	T	D	J	B	C	N	Y	G	F	E	R
J	P	F	I	X	Z	P	C	D	X	R	F	G	N	T	A
D	B	P	U	O	Y	R	U	D	N	O	M	R	G	Q	E
J	R	K	I	L	O	G	R	A	M	M	H	W	V	E	S
G	X	O	D	H	É	I	C	H	T	D	L	V	C	J	G
B	R	L	W	E	Q	D	V	L	I	X	K	C	J	U	W

ZENTIMETER
GRAD
DEZIMAL
GRAMM
HÉICHT
KILOGRAMM
KILOMETER
BREET
LITER
LÄNGT
MASS
MINUTT
BYTE
ONZ
GEWICHT
ZOLL
DÉIFT
TONN

1 - Adjectifs #2

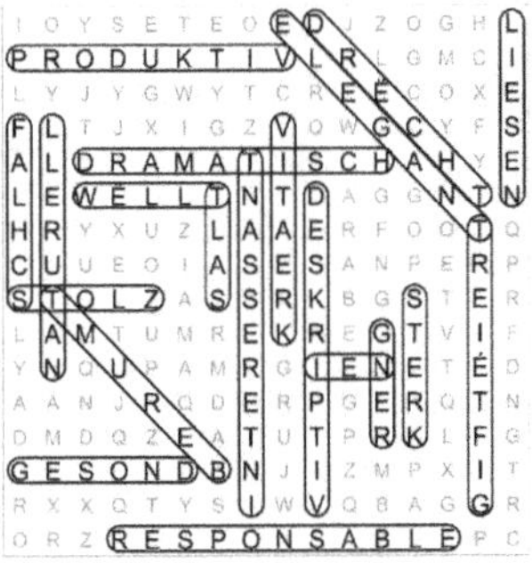

2 - Formes

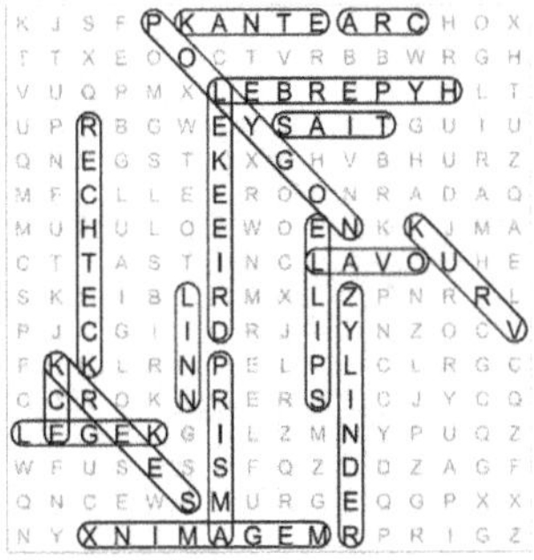

3 - Force et Gravité

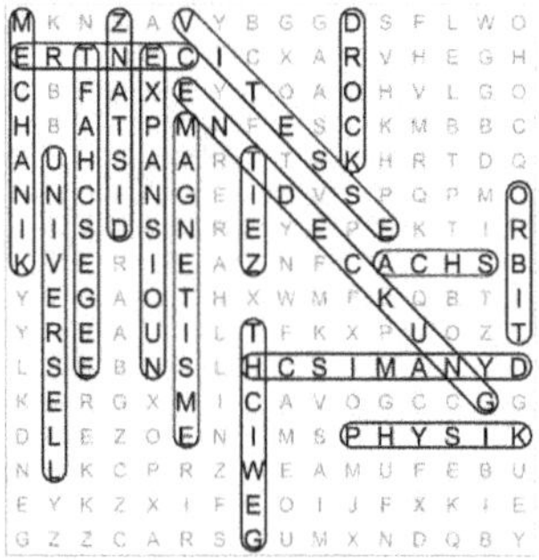

4 - Salle de Bains

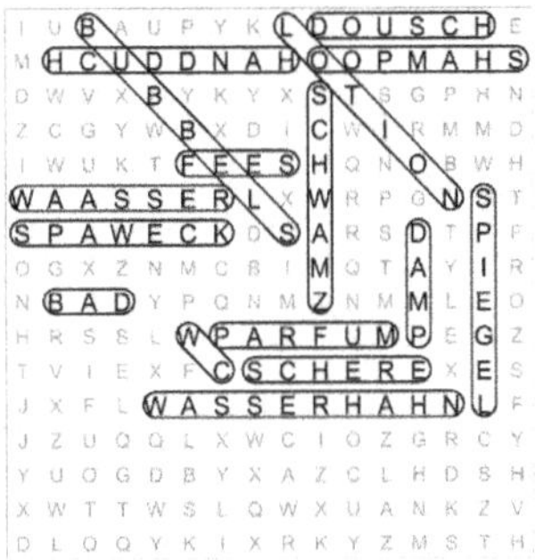

5 - Adjectifs #1

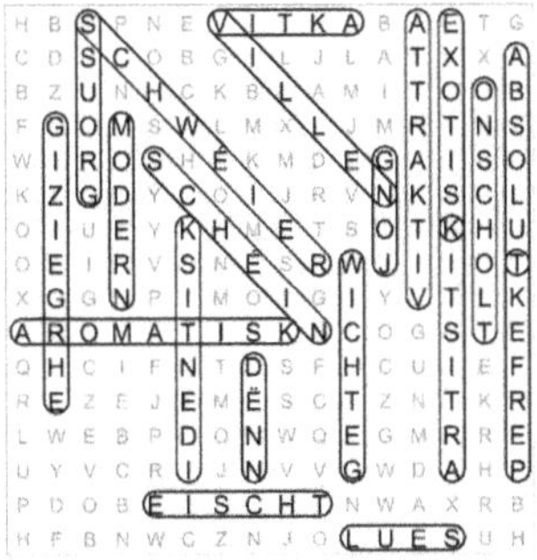

6 - Instruments de Musique

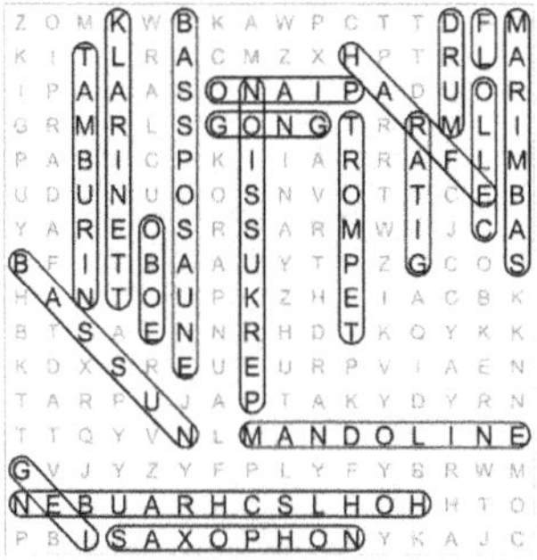

7 - Échecs

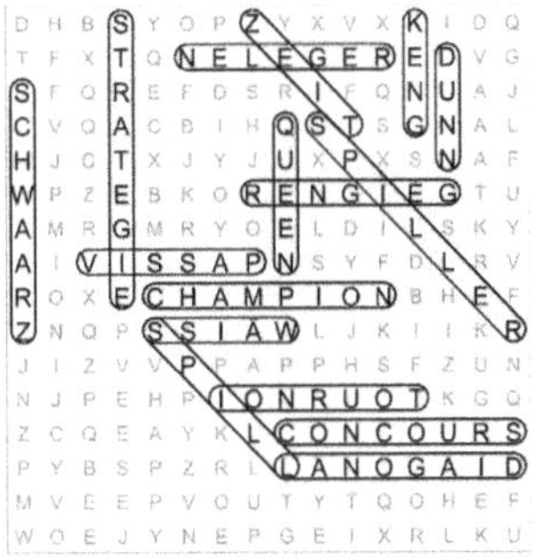

8 - Herboristerie

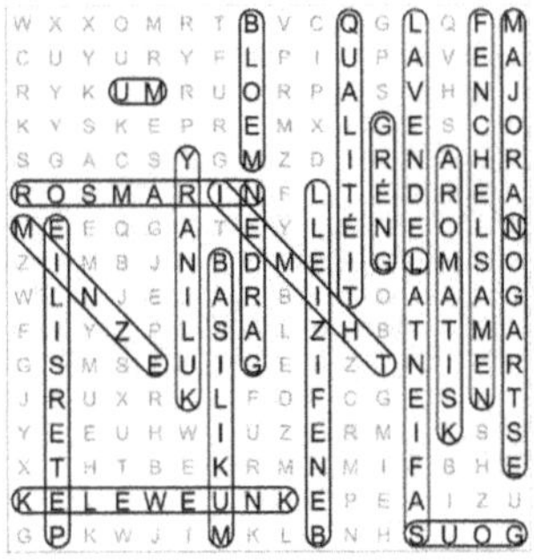

9 - Véhicules

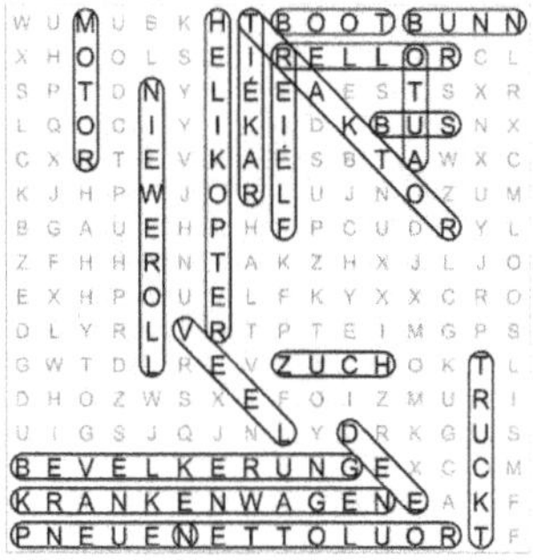

10 - Camping

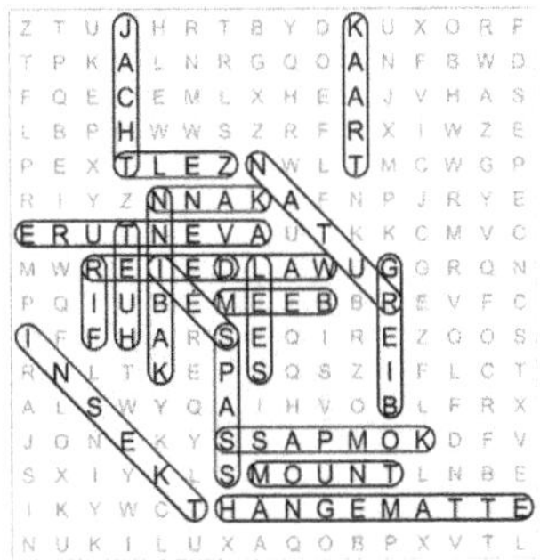

11 - Géométrie

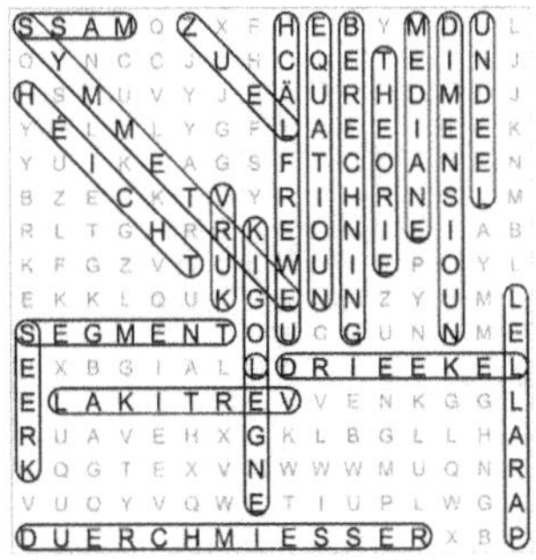

12 - Diplomatie

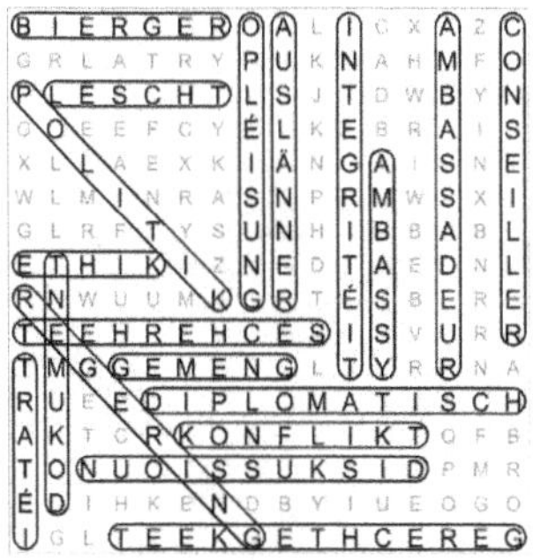

13 - Astronomie

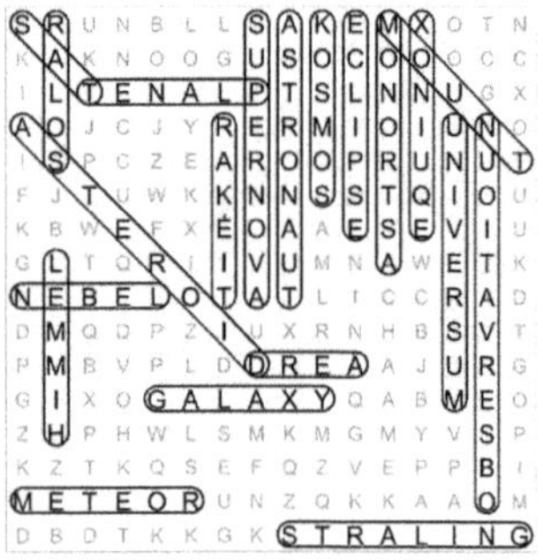

14 - Physique

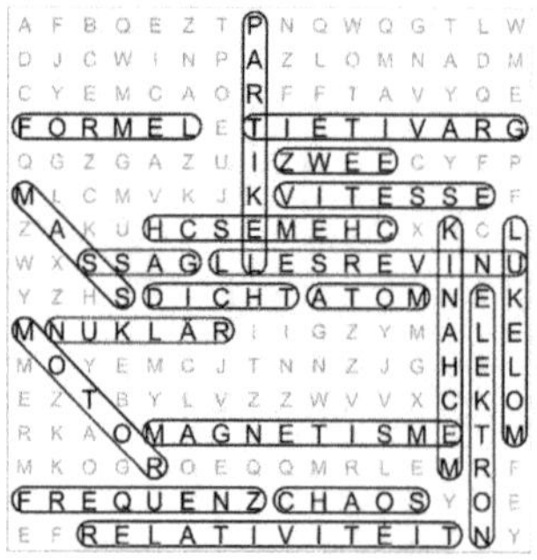

15 - Types de Cheveux

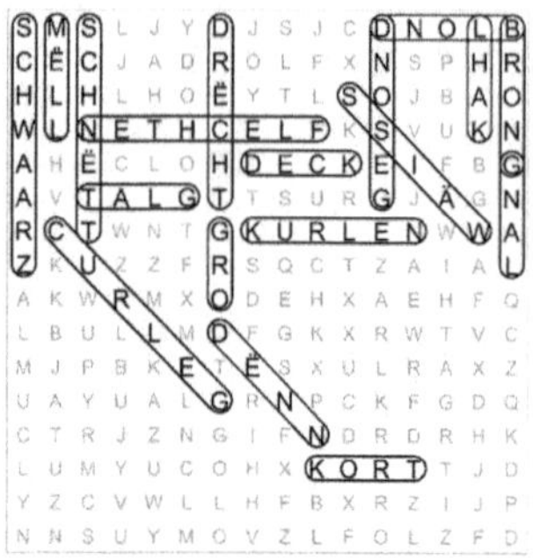

16 - Archéologie

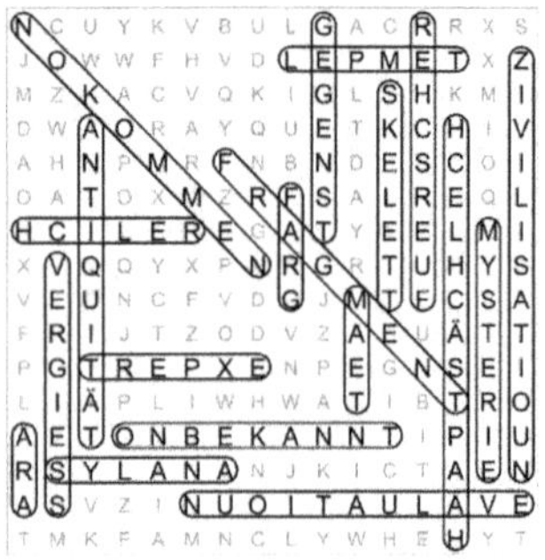

17 - Mammifères

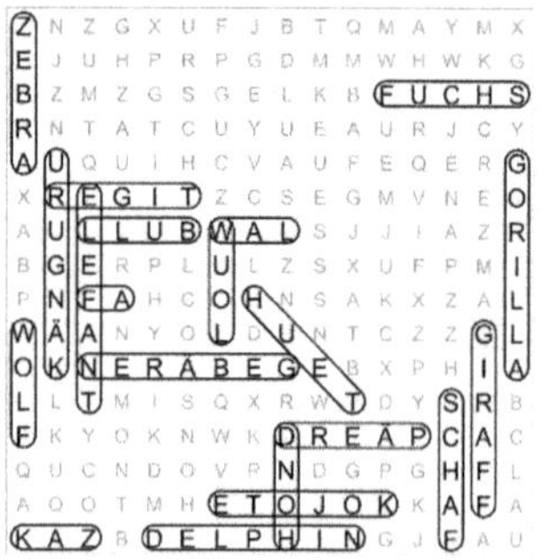

18 - Sports

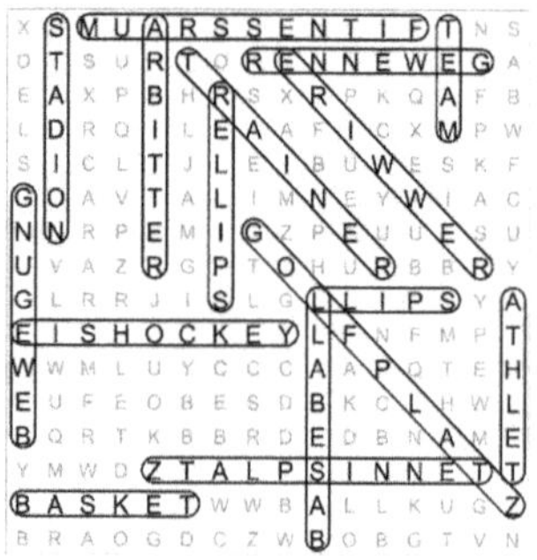

19 - Chocolat

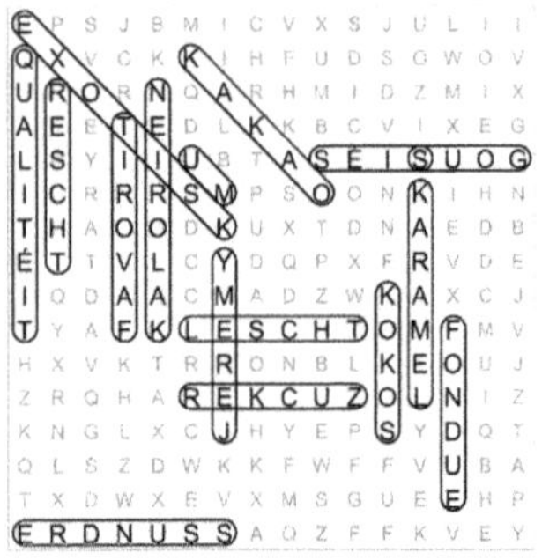

20 - Mythologie

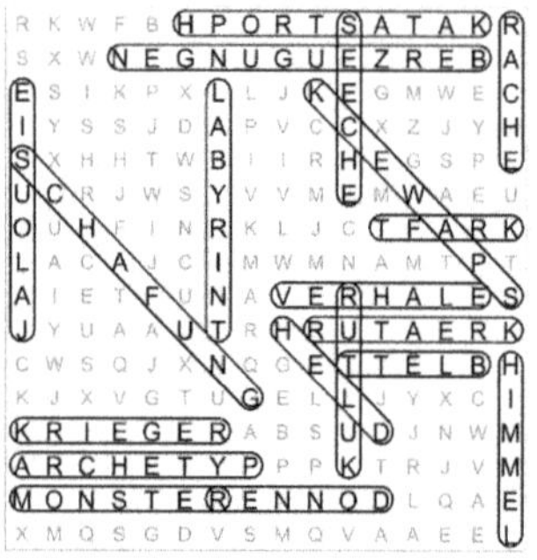

21 - Restaurant #2

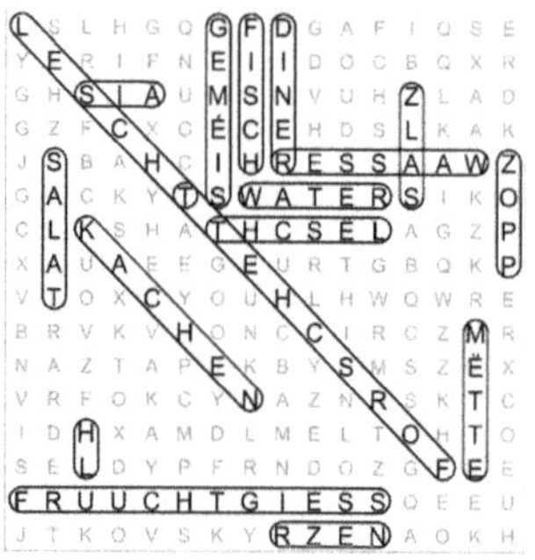

22 - Beauté

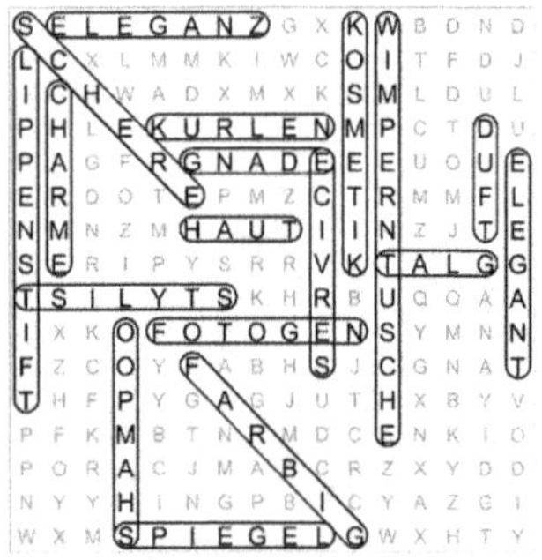

23 - Avions

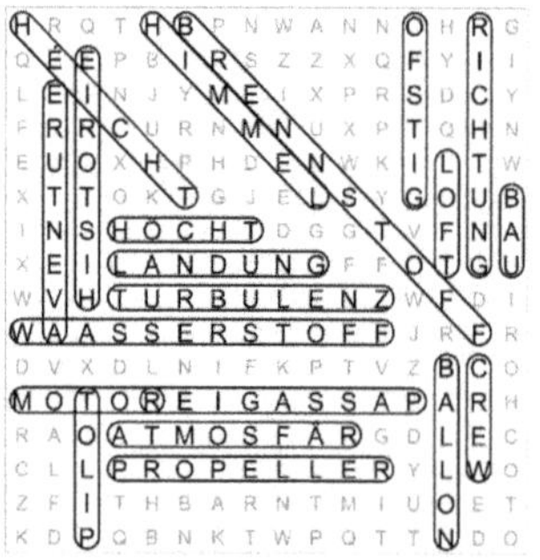

24 - Aventure

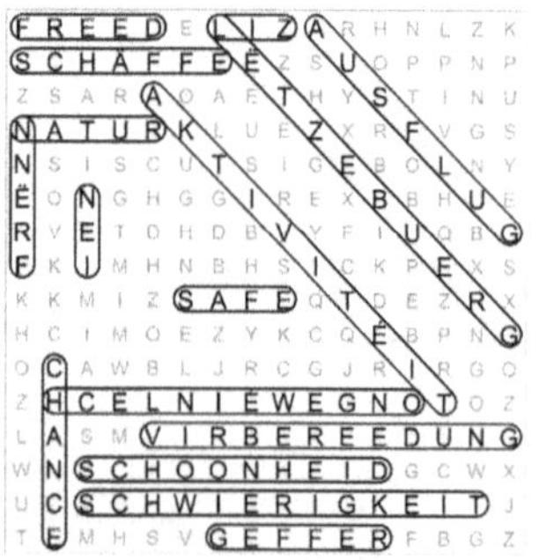

25 - Ville

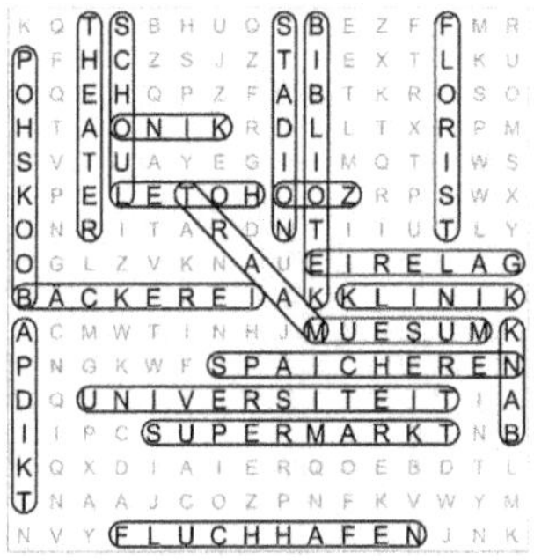

26 - Ingénierie

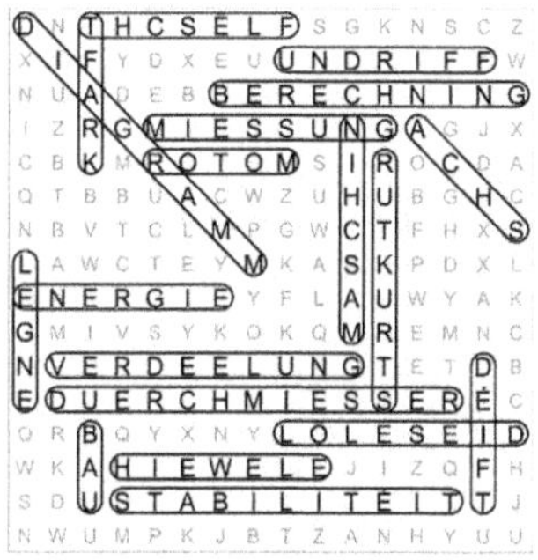

27 - Énergie

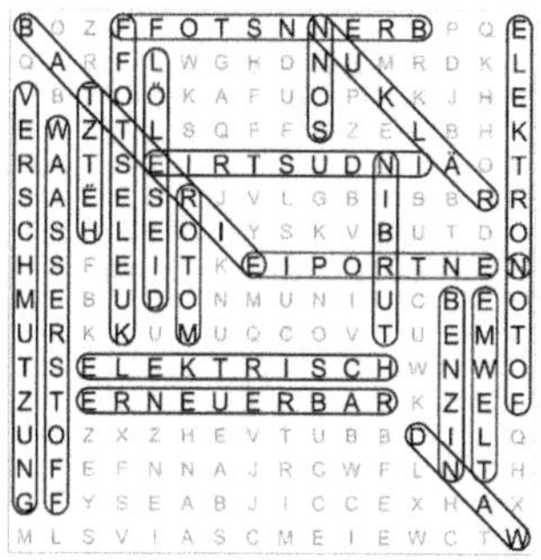

28 - Cuisine

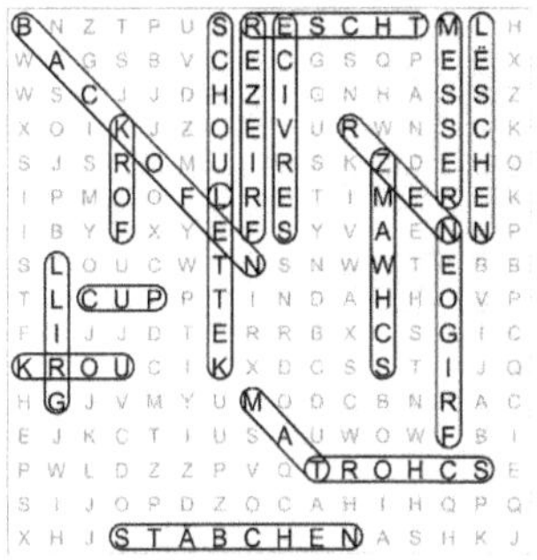

29 - Corps Humain

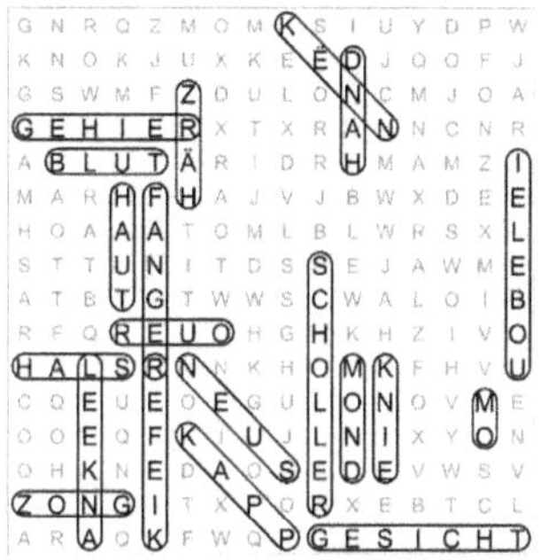

30 - Biologie

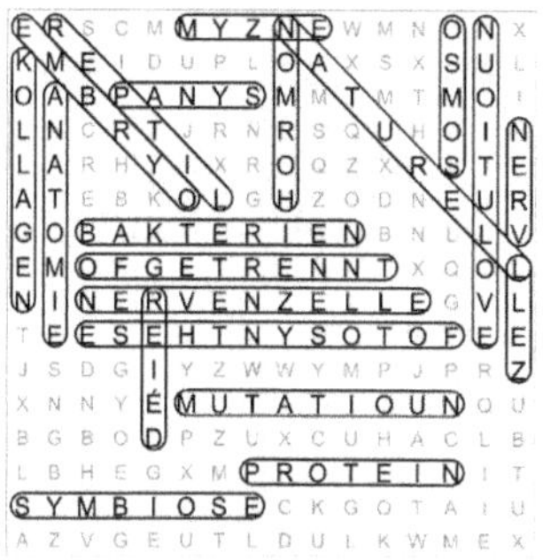

31 - Épices

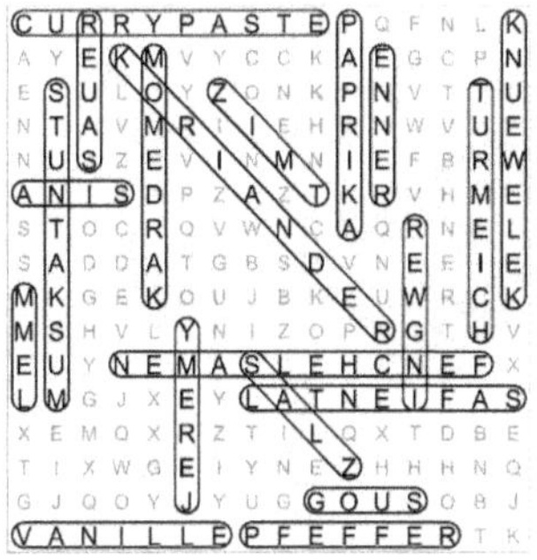

32 - Agronomie

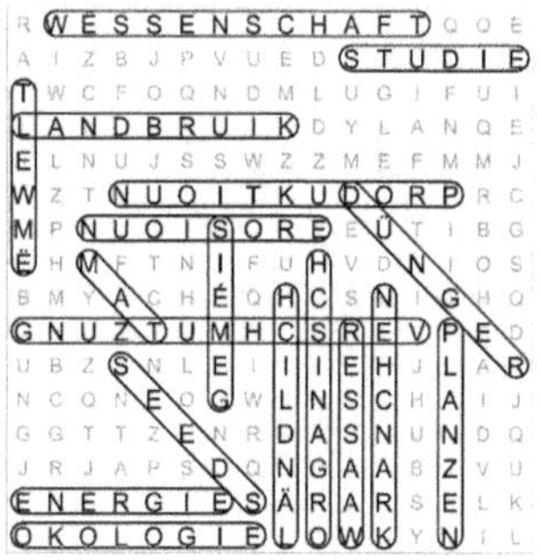

33 - Science

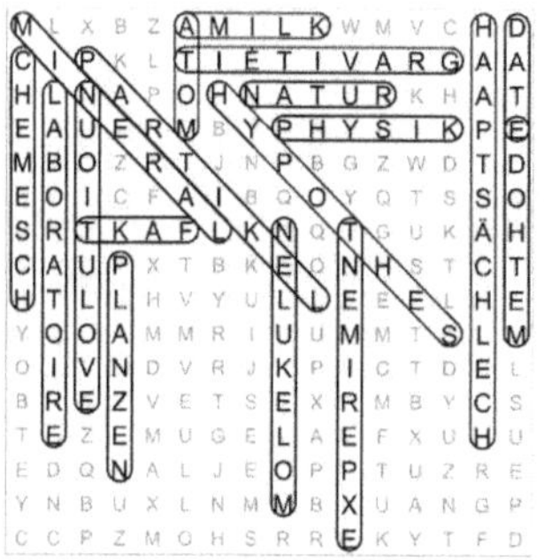

34 - Vêtements

35 - Méditation

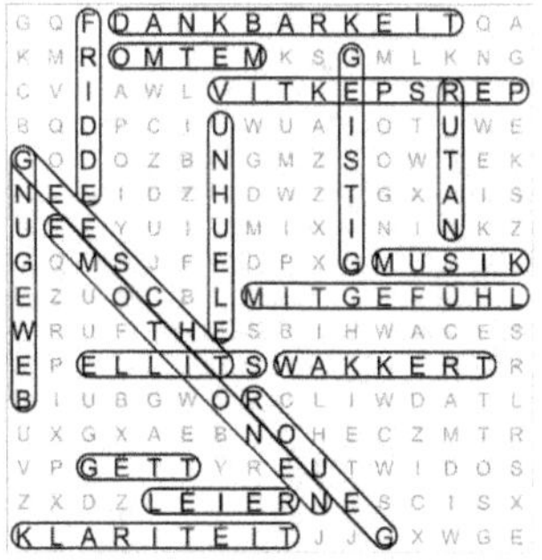

36 - Littérature

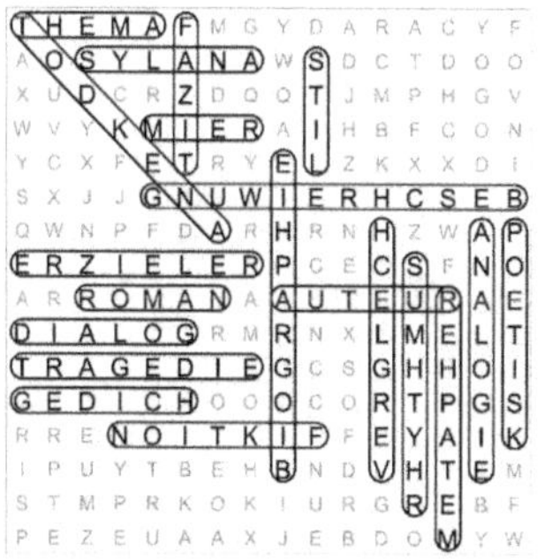

37 - Nourriture #1

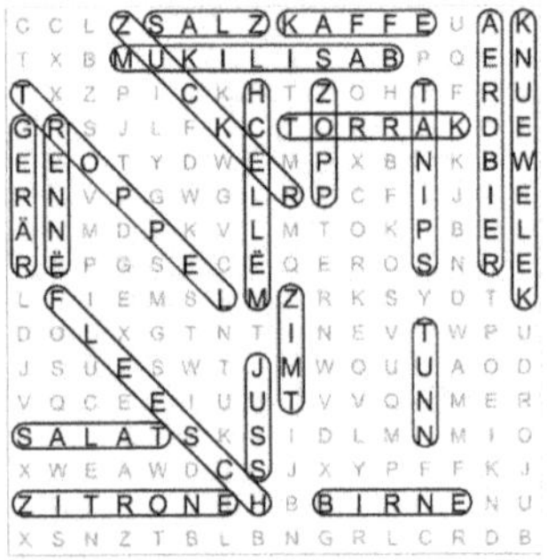

38 - Jours et Mois

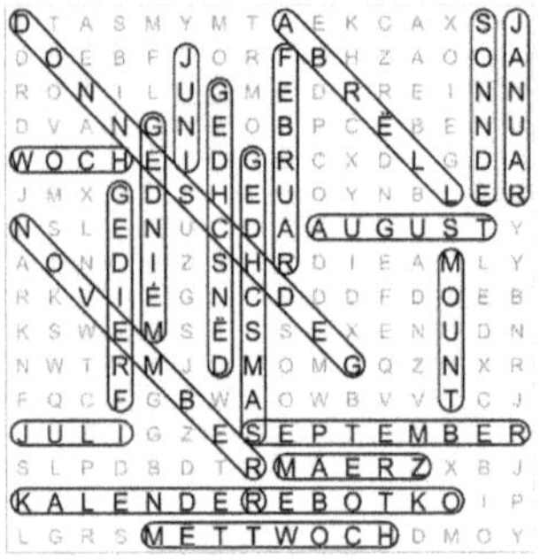

39 - Championnat

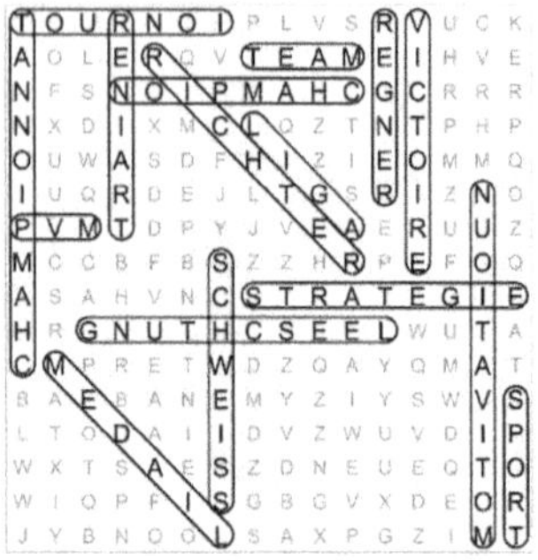

40 - Jardinage

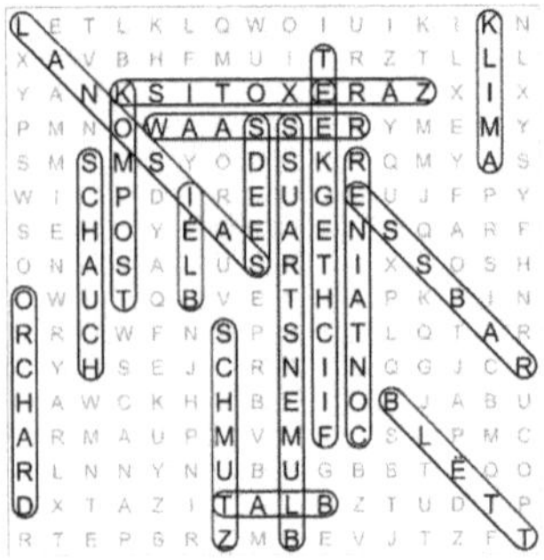

41 - Entreprise

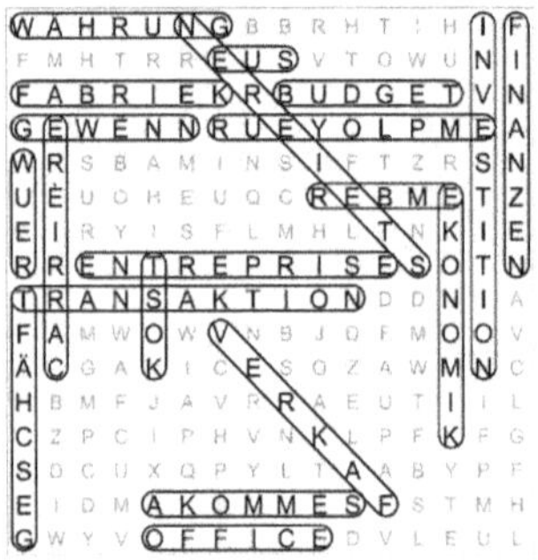

42 - Activités

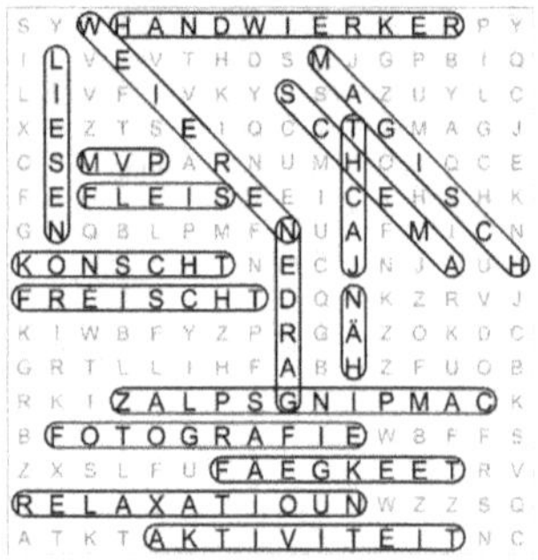

43 - Fleurs

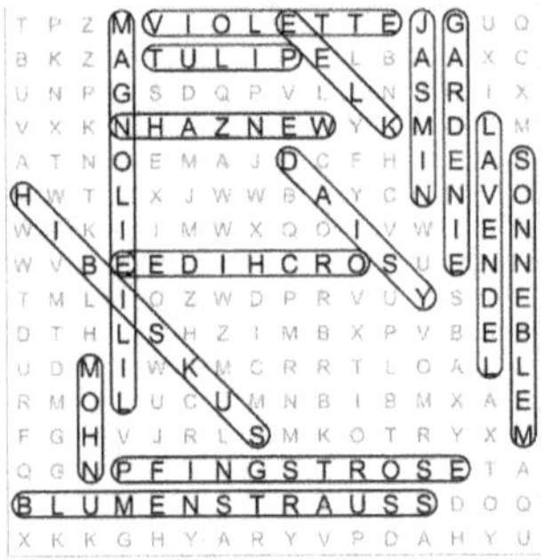

44 - Nourriture #2

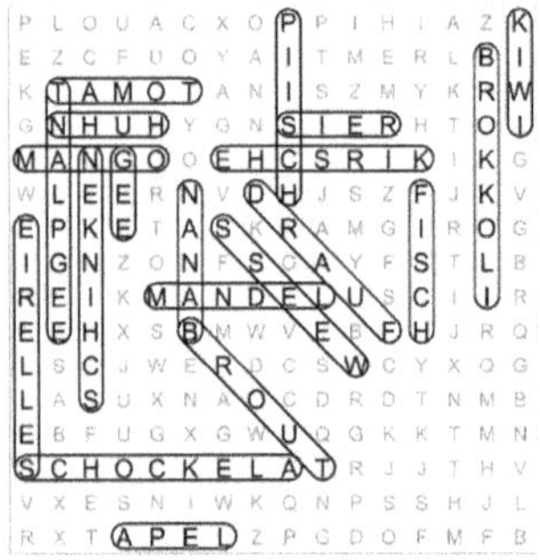

45 - Algèbre

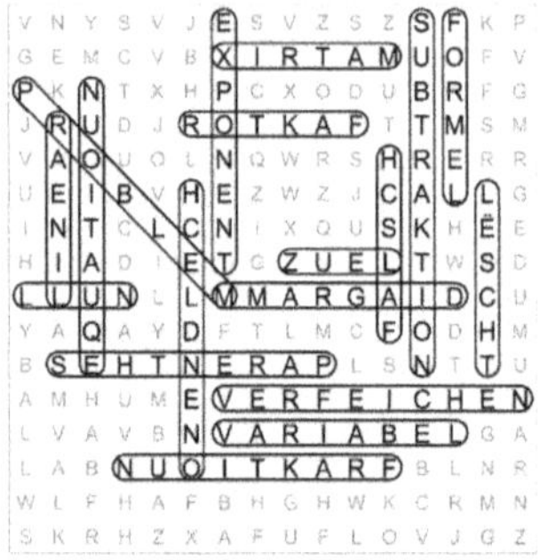

46 - Océan

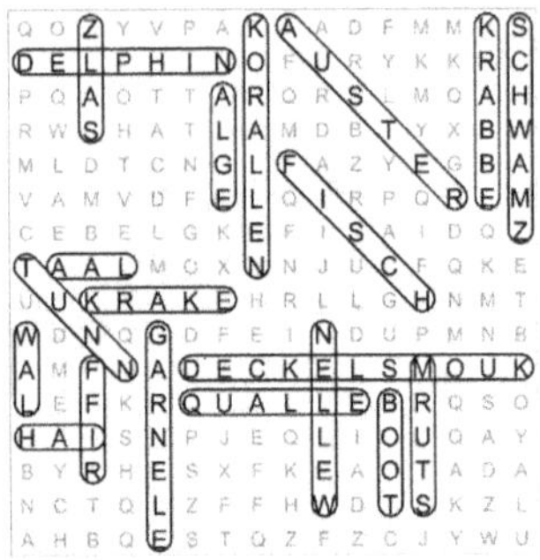

47 - Antiquités

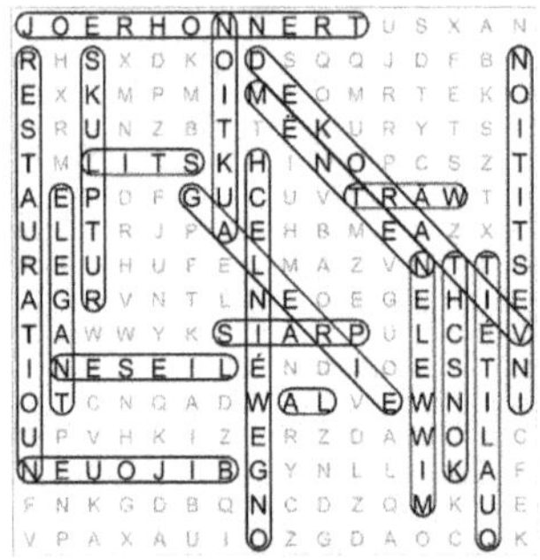

48 - Boxe

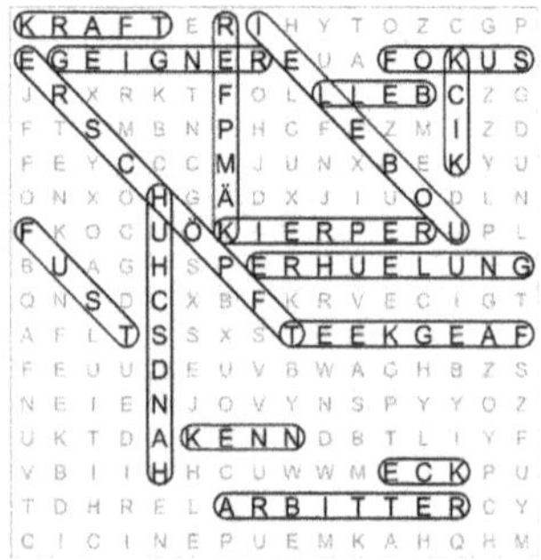

49 - Fruit

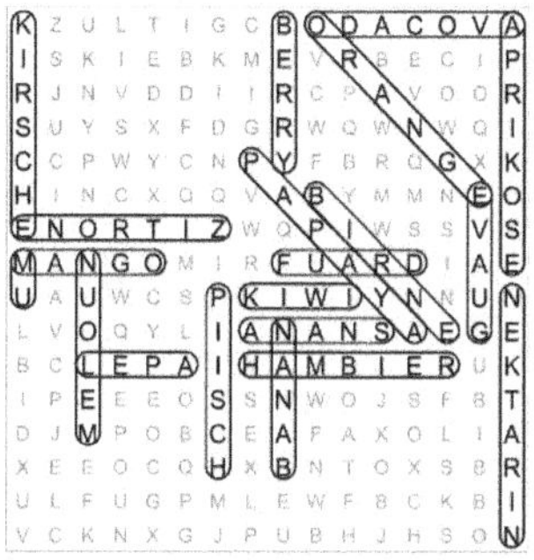

50 - Technologie

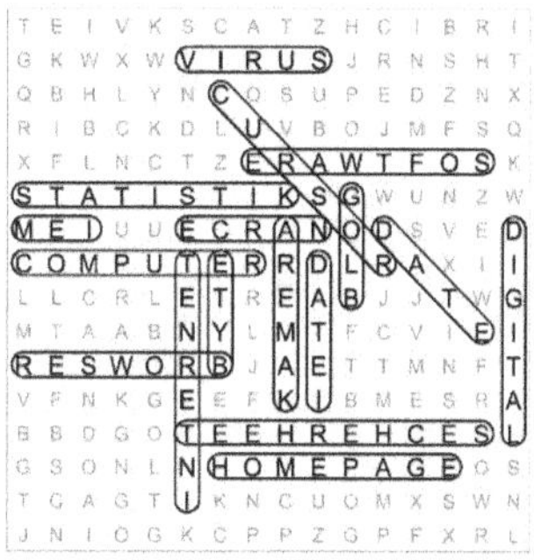

51 - Musique

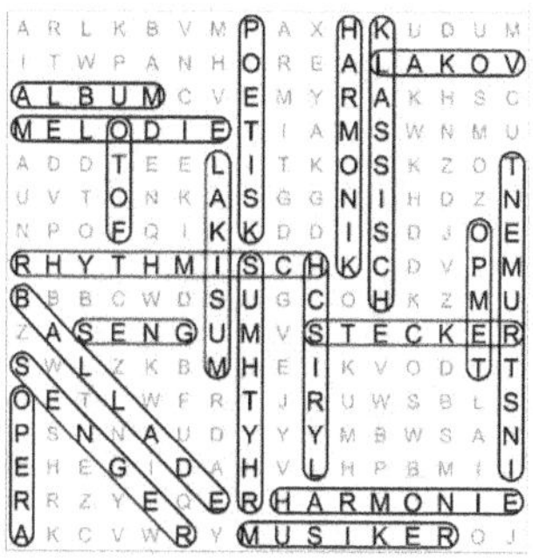

52 - Météo

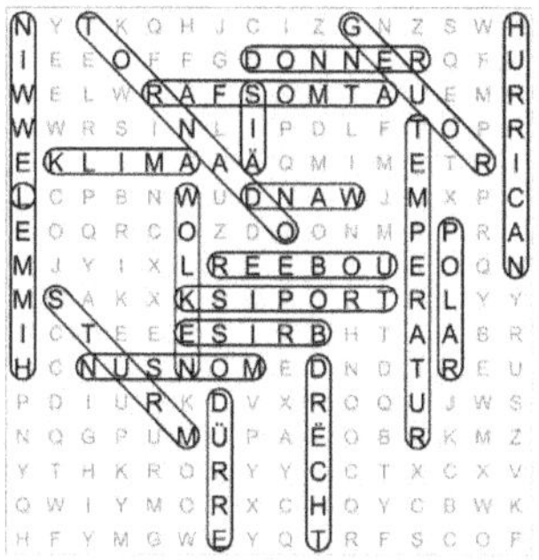

53 - L'Entreprise

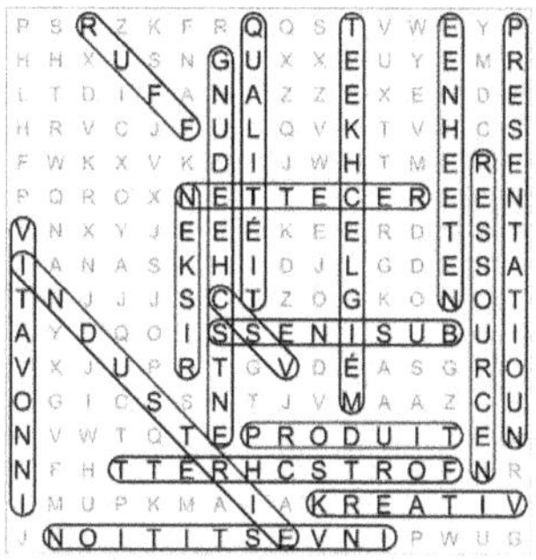

54 - Gouvernement

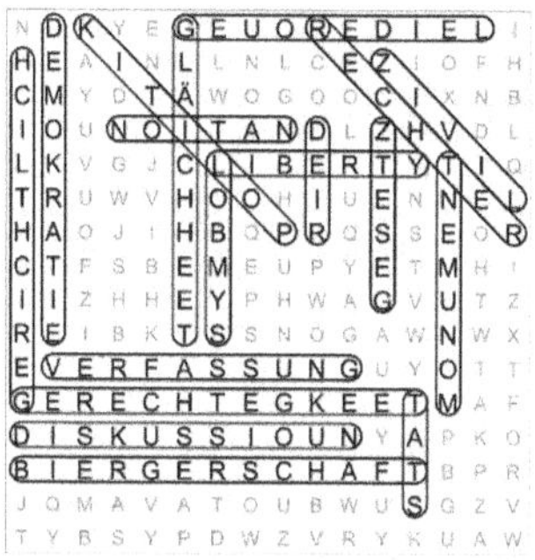

55 - Randonnée

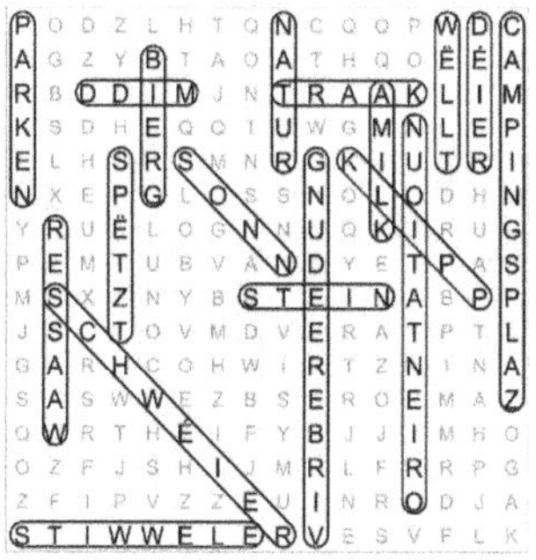

56 - Nutrition

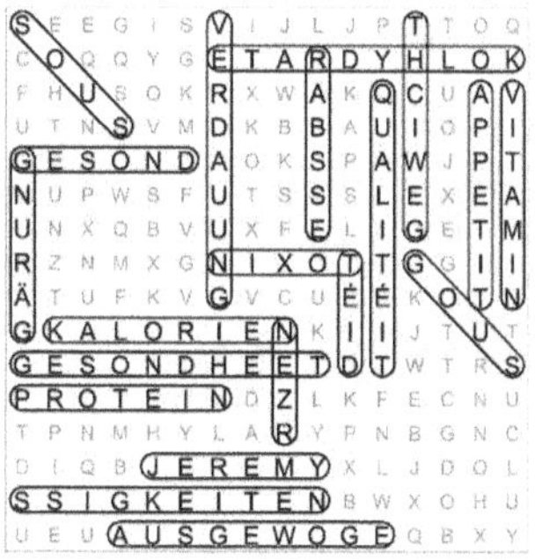

57 - Créativité

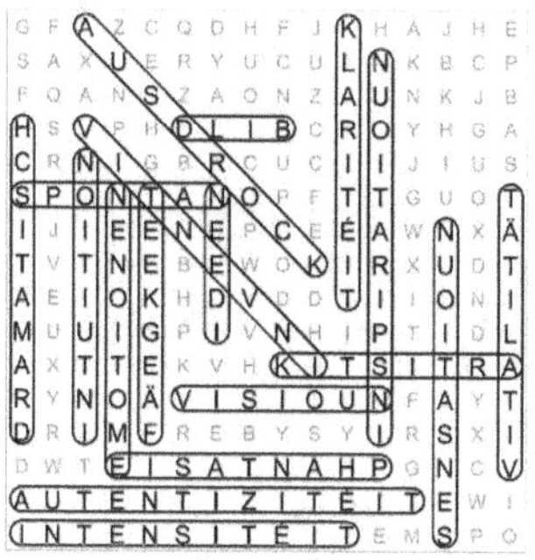

58 - Science Fiction

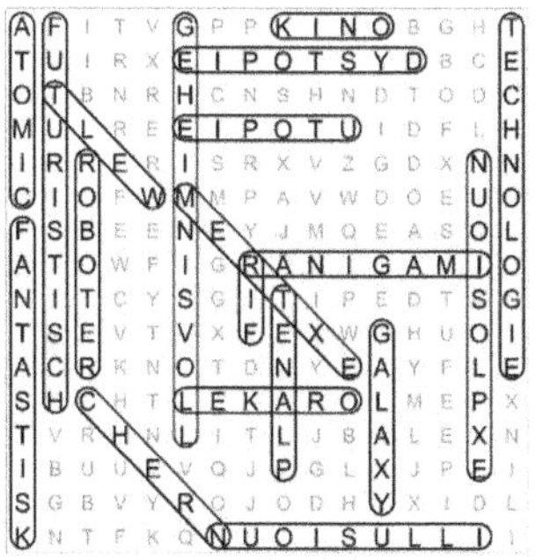

59 - Professions #1

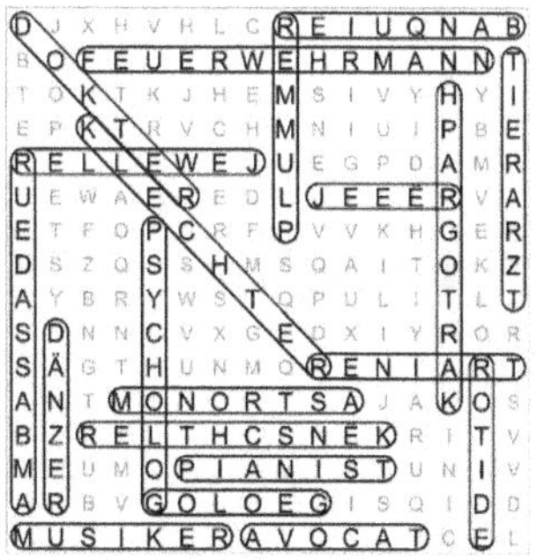

60 - Géologie

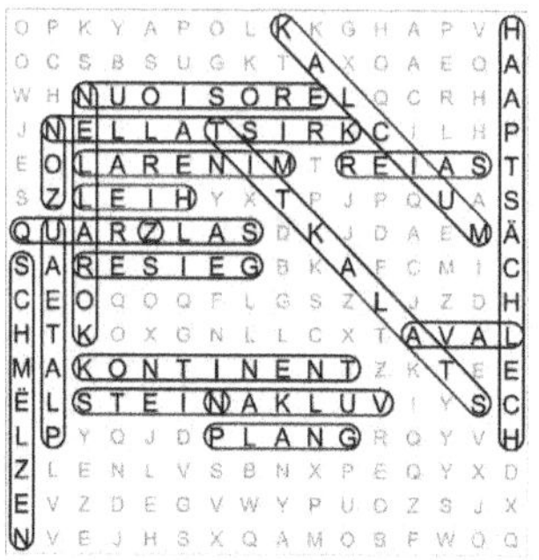

61 - Santé et Bien Être #1

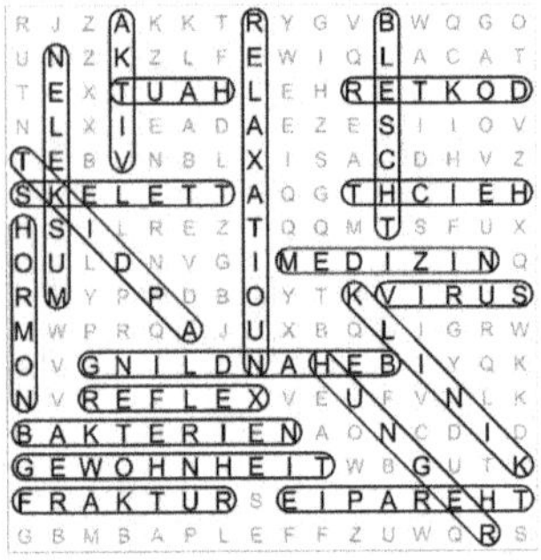

62 - Barbecues

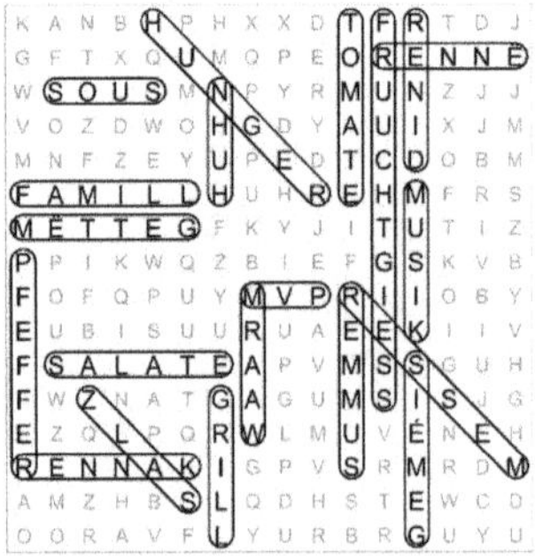

63 - Forêt Tropicale

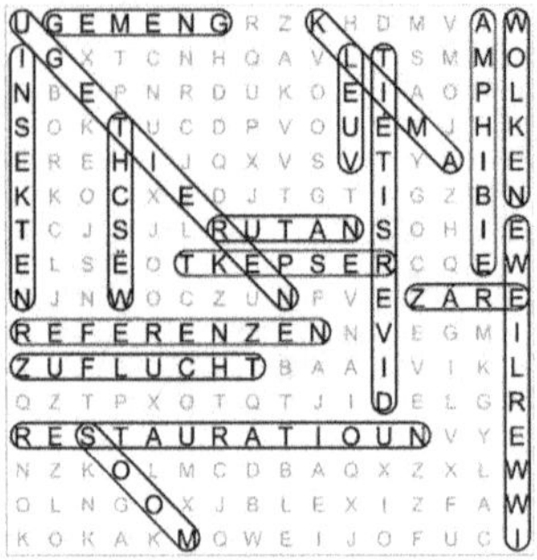

64 - Insectes

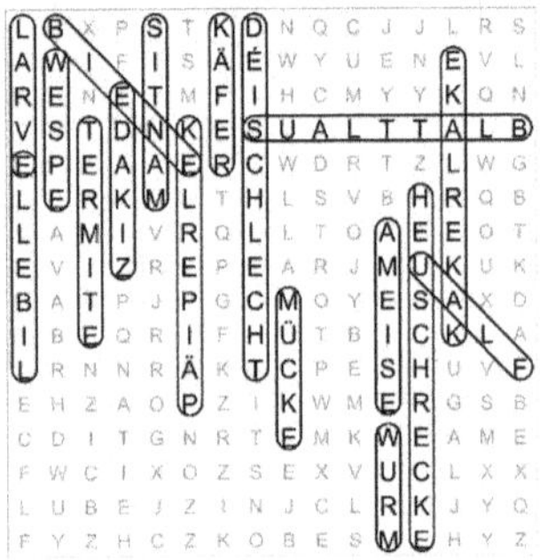

65 - Ferme #1

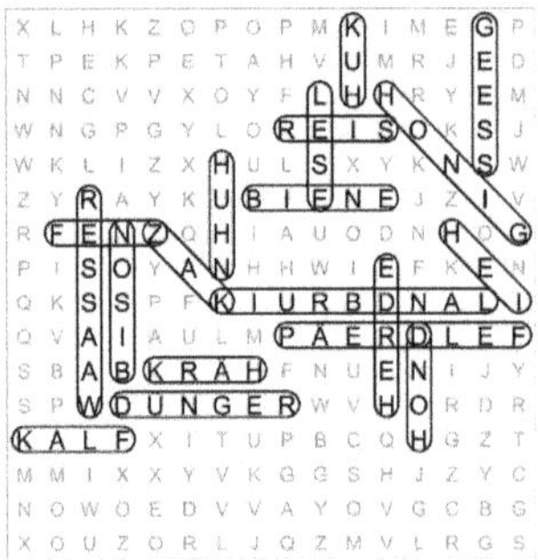

66 - Antarctique

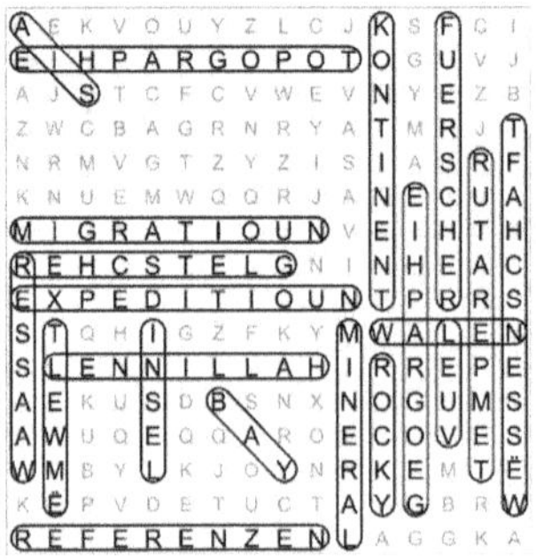

67 - Professions #2

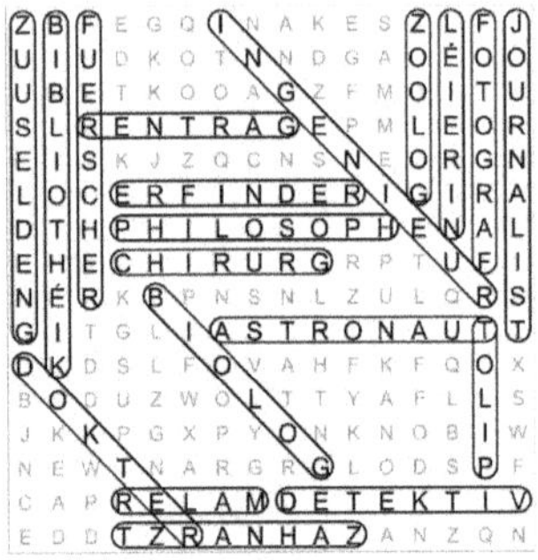

68 - Les Abeilles

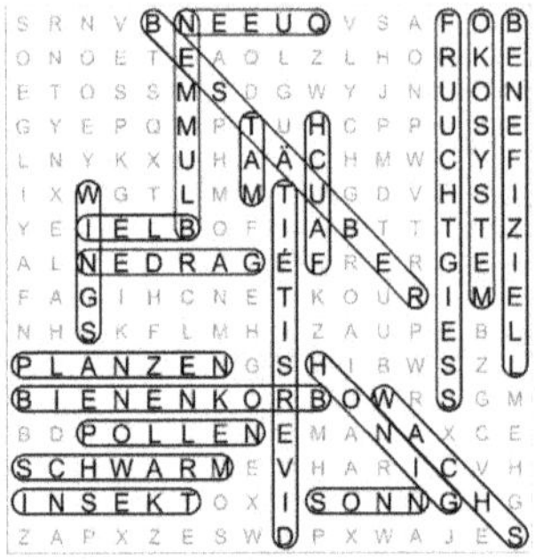

69 - Santé et Bien Être #2

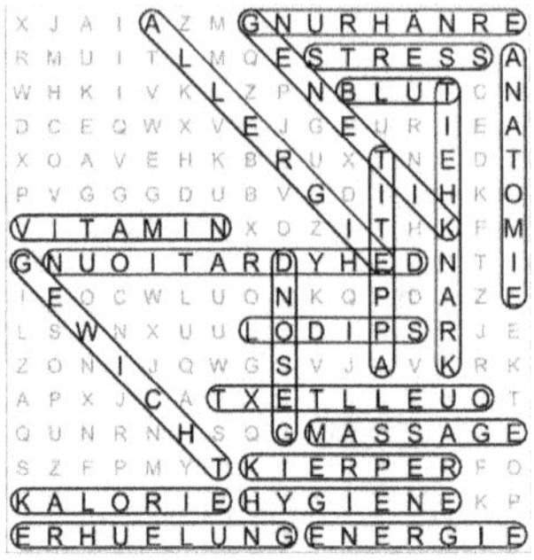

70 - Conduite

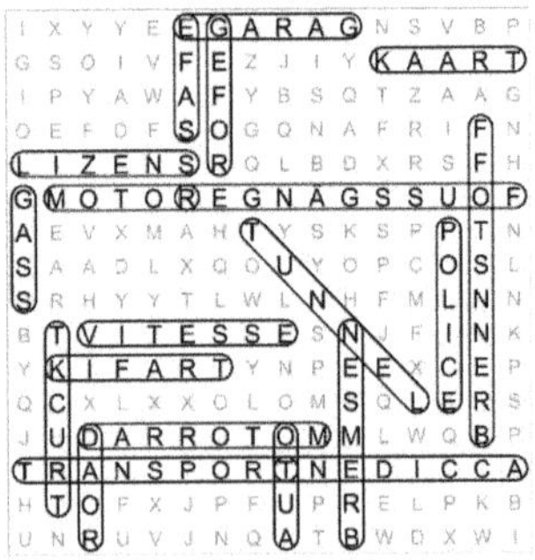

71 - Plantes

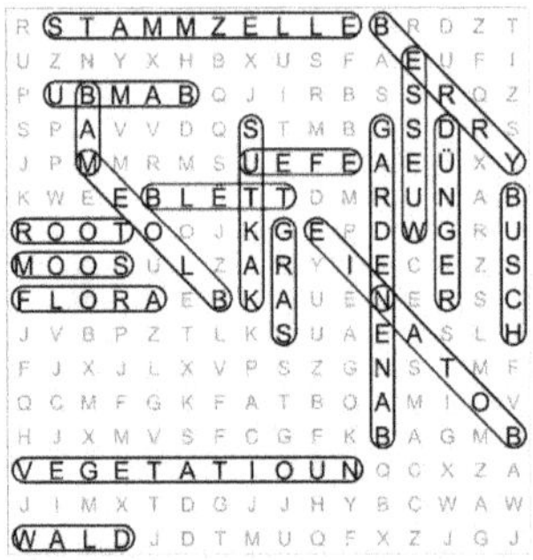

72 - Ferme #2

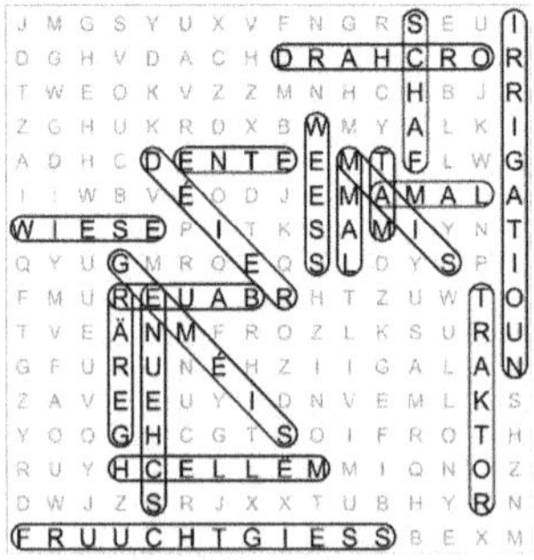

73 - Vacances #2

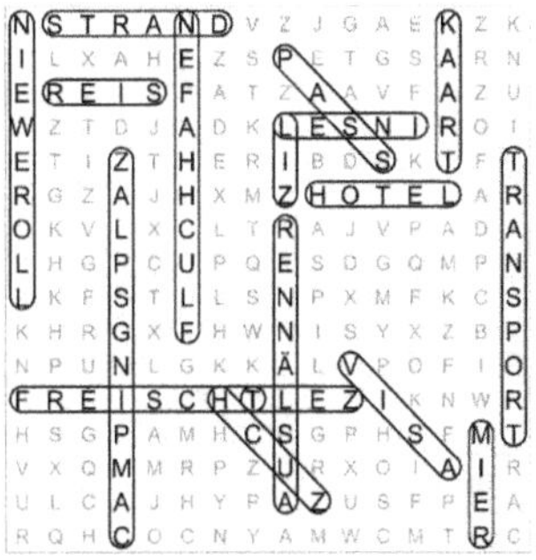

74 - Éthique

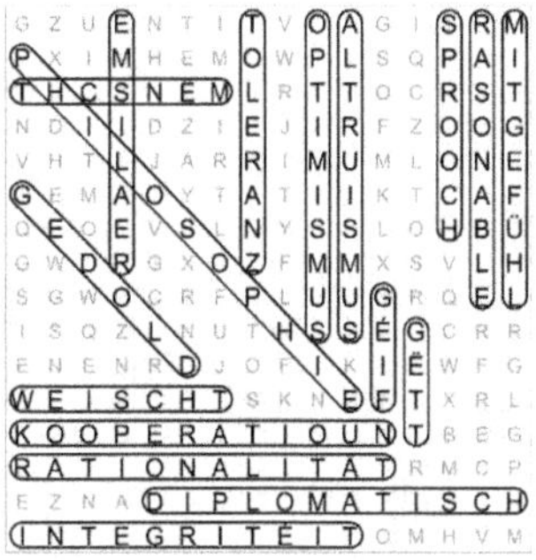

75 - Temps

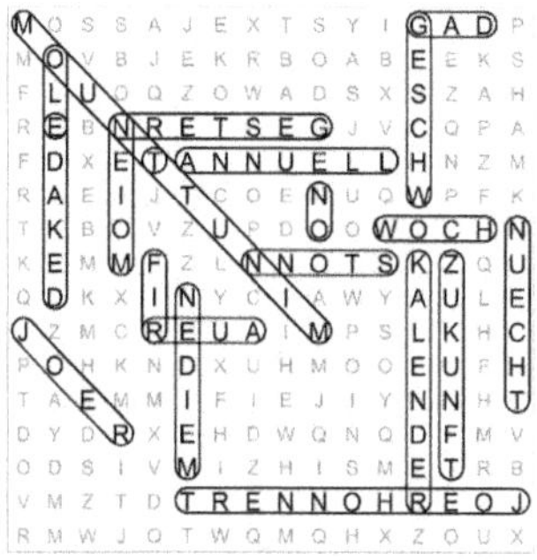

76 - Maison

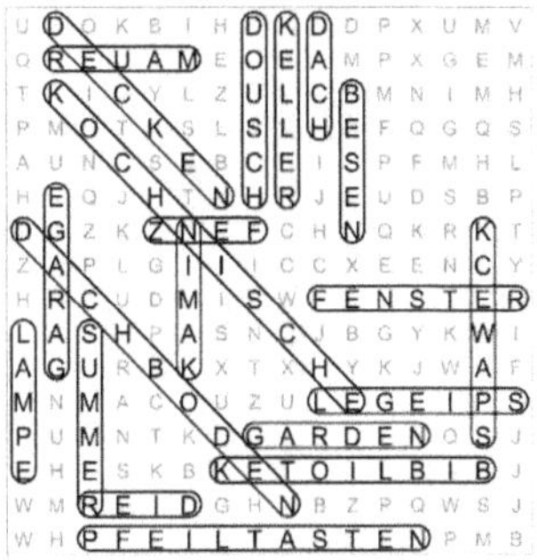

77 - Légumes

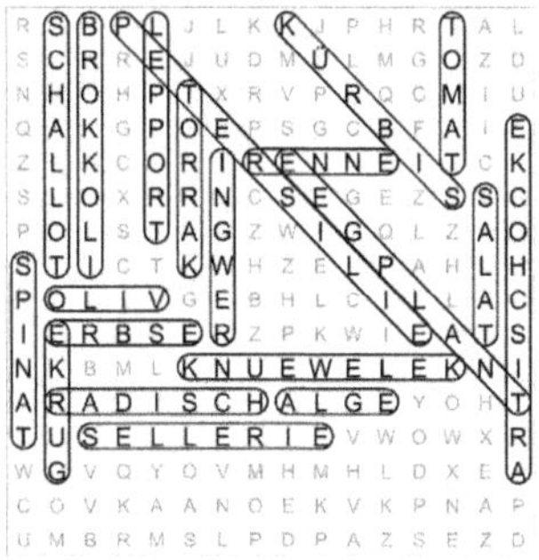

78 - Plage

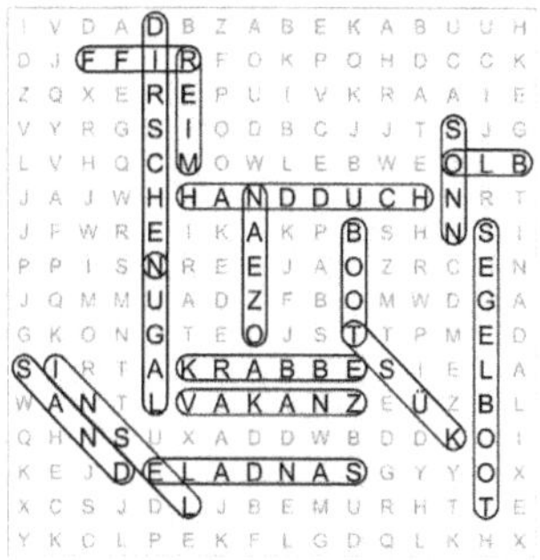

79 - Famille

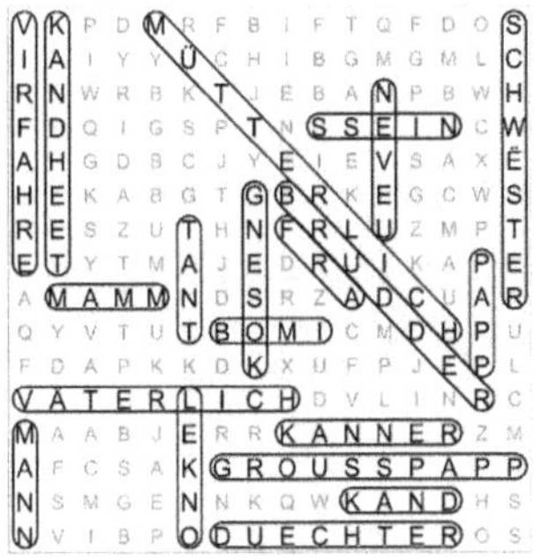

80 - Oiseaux

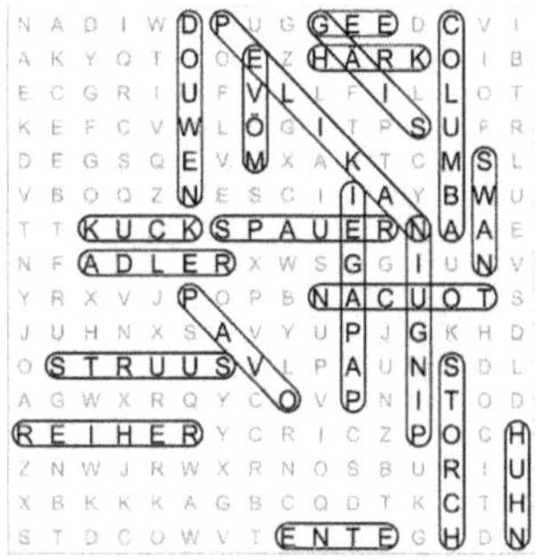

81 - Disciplines Scientifiques

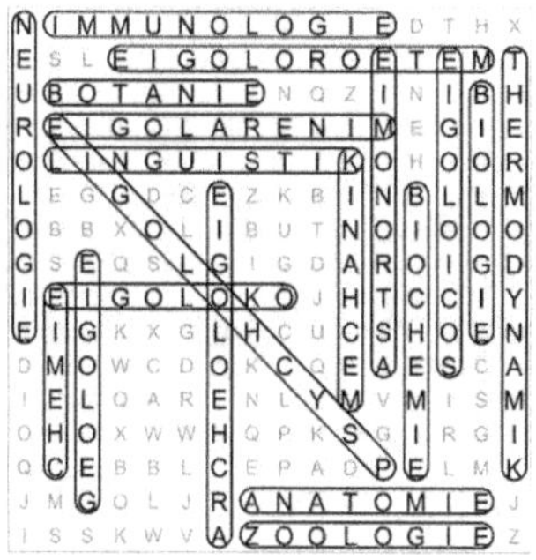

82 - Maladie

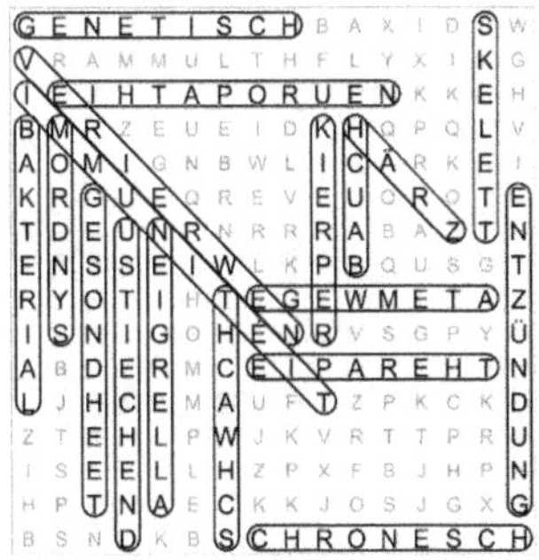

83 - Univers

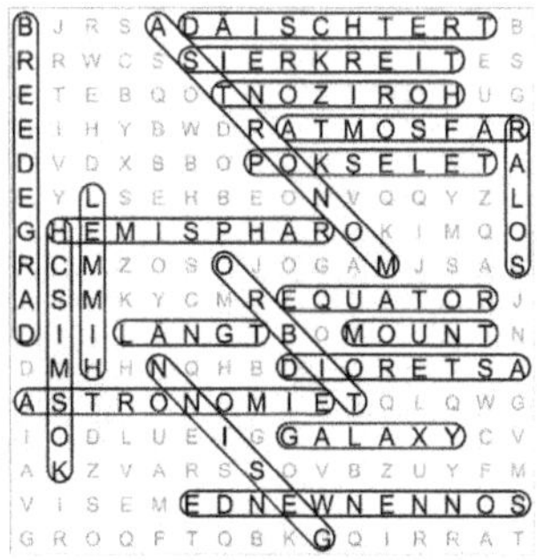

84 - Géographie

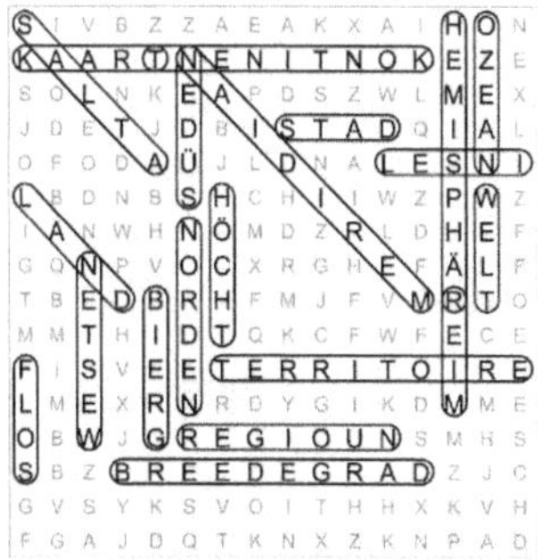

85 - Danse

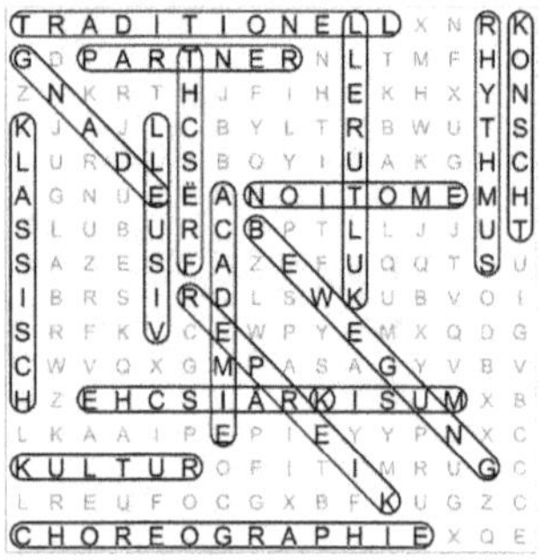

86 - Bâtiments

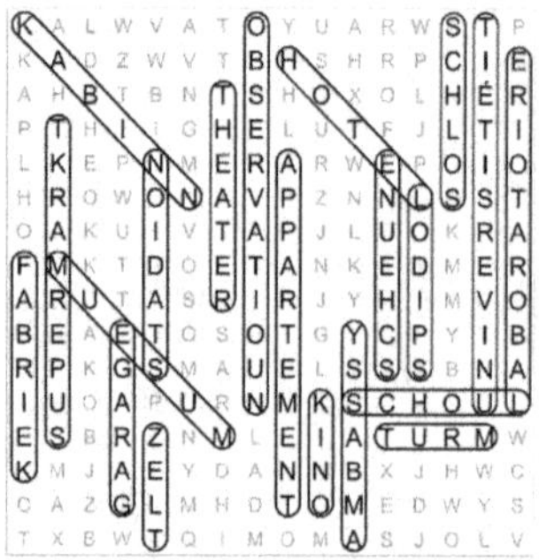

87 - Activités et Loisirs

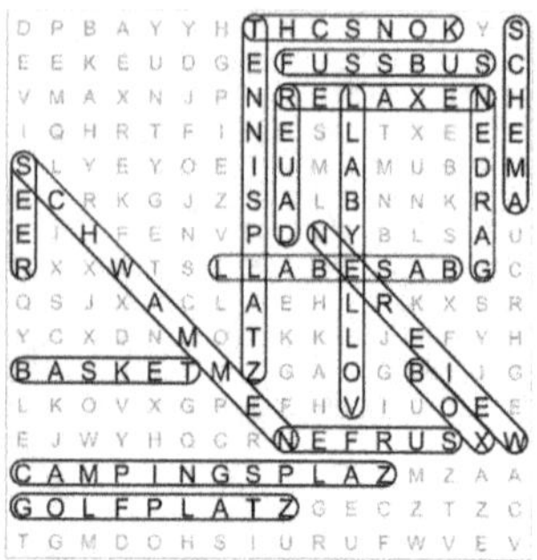

88 - Livres

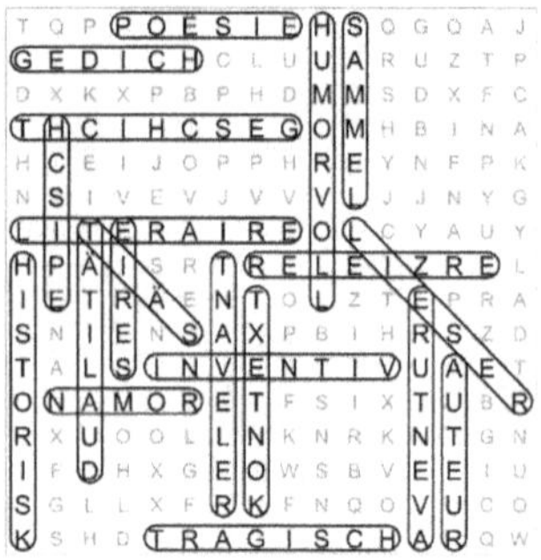

89 - Pays #2

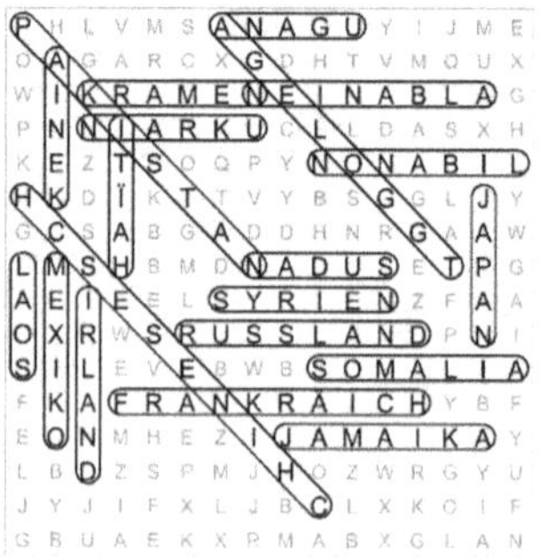

90 - Fournitures d'Art

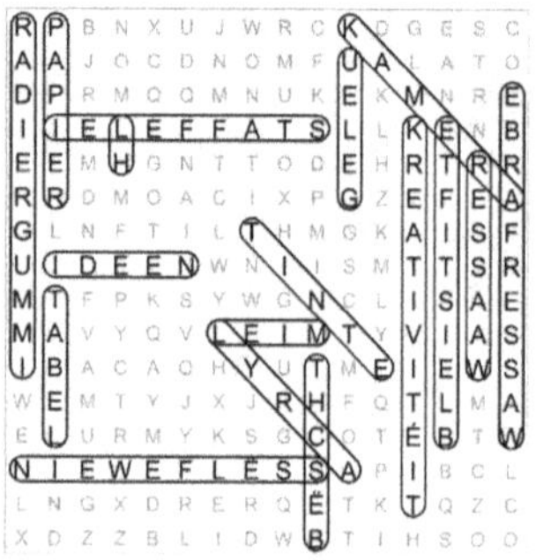

91 - Eau

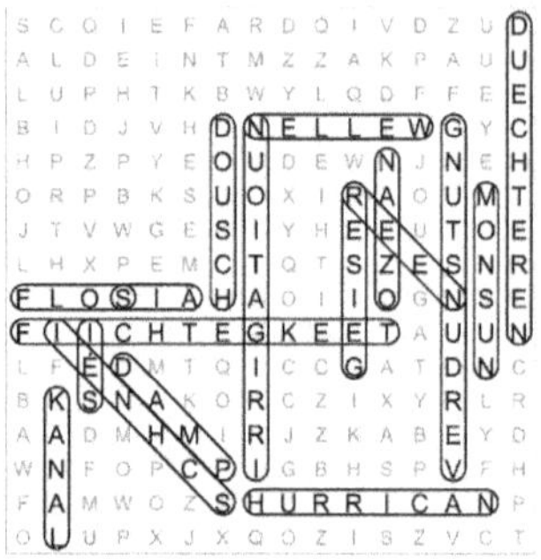

92 - Jazz

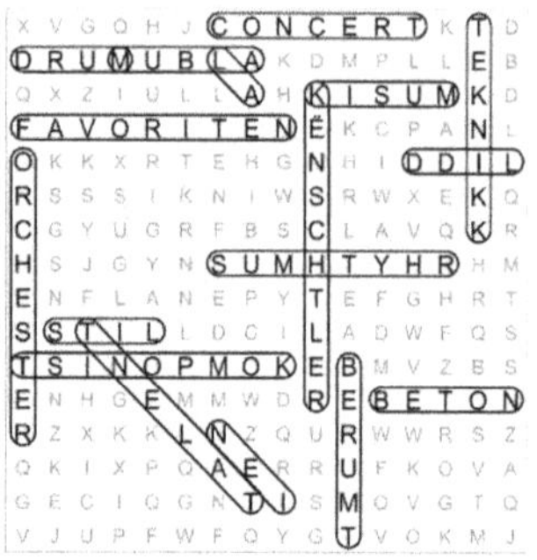

93 - Paysages

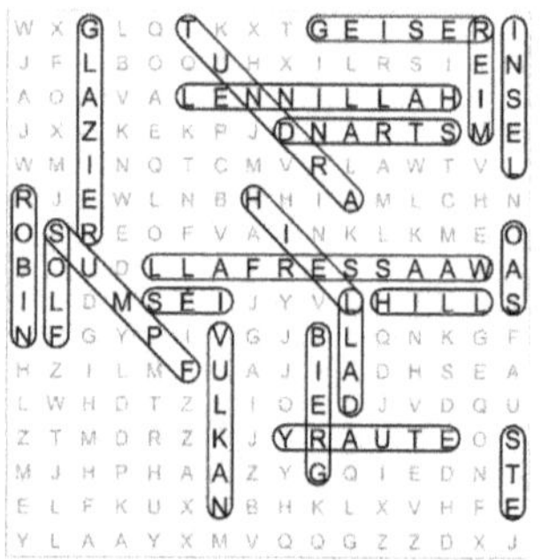

94 - Pays #1

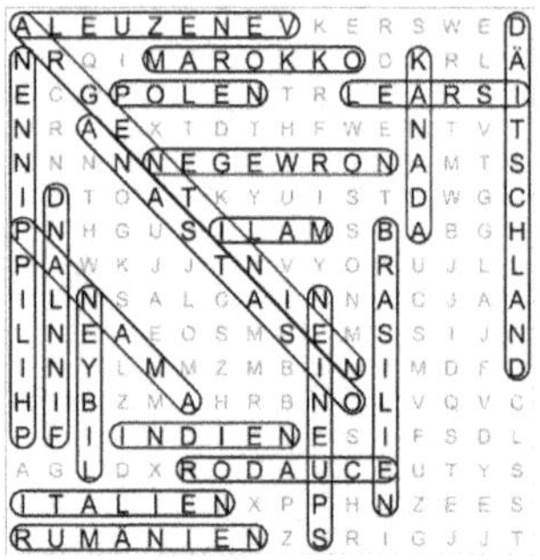

95 - Nombres

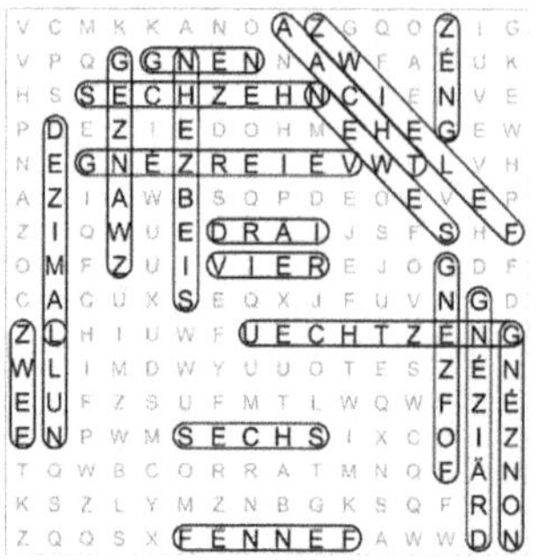

96 - Psychologie

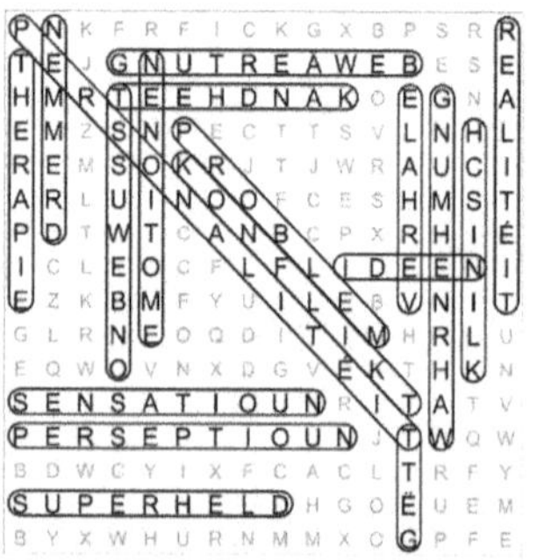

97 - Nature

A	E	N	T	S	C	H	E	E	D	E	N	D	L	Z	T
D	X	P	Y	H	S	F	U	M	D	I	M	V	D	T	R
R	J	X	L	I	X	S	G	O	J	J	E	G	U	B	M
C	Z	S	E	L	K	K	P	G	E	M	Q	J	F	W	I
A	A	C	B	N	H	K	Q	X	L	L	Y	I	U	B	J
K	E	R	O	S	I	O	U	N	M	A	E	S	F	E	U
B	S	I	T	K	R	A	A	W	M	R	Z	T	D	I	Z
L	N	I	W	W	E	L	D	R	Y	B	X	I	I	E	S
Ë	W	N	P	D	Y	N	A	M	I	S	C	H	E	N	T
T	G	E	U	O	R	W	A	L	D	H	I	H	H	R	E
T	J	K	Z	V	R	Y	H	D	V	E	R	T	N	E	E
B	C	L	R	M	U	T	G	E	L	L	E	H	O	I	M
J	S	O	L	F	H	O	L	U	D	L	O	Z	O	É	T
L	W	W	K	I	T	A	F	L	N	A	M	O	H	D	O
G	L	H	E	I	T	E	R	V	Ë	C	U	V	C	W	Z
H	H	L	Q	W	V	C	J	J	E	W	V	Y	S	A	T

98 - Chimie

N	B	T	M	L	O	M	E	C	G	Q	S	C	S	O	I
V	U	L	D	O	H	O	Z	K	E	L	C	A	C	M	D
F	U	K	B	Z	Z	L	A	S	W	B	H	L	I	G	E
H	L	X	L	I	Y	E	K	T	I	T	L	L	M	E	D
Ë	D	Ë	Y	Ä	H	K	G	V	C	M	O	L	O	S	R
T	N	I	S	H	R	U	P	U	H	N	R	F	T	X	U
Z	X	F	G	C	M	L	C	N	T	Q	U	T	A	X	Z
T	S	F	P	S	H	K	U	E	L	E	S	T	O	F	F
U	T	O	K	I	N	T	C	V	Q	E	N	Z	K	T	S
K	A	T	A	L	Y	S	A	T	O	R	E	N	Z	Y	M
L	Z	S	I	A	F	I	E	V	K	N	L	I	K	C	F
N	O	R	T	K	E	L	E	U	C	P	L	O	D	K	Z
R	J	E	U	L	I	R	C	K	Y	D	A	N	I	F	P
S	O	U	M	A	U	O	U	X	I	Q	T	E	P	P	N
Q	O	A	B	N	Z	Q	B	N	Z	Q	E	N	E	G	E
N	Y	S	Y	W	V	U	A	N	A	W	M	G	A	S	S

99 - Bateaux

F	O	N	T	D	V	G	J	W	D	A	R	G	R	K	J
B	I	K	W	A	I	I	D	B	E	S	O	L	F	J	N
Q	M	C	U	T	O	O	B	L	E	G	E	S	R	P	E
K	F	K	Z	S	U	C	T	Y	P	X	M	E	L	I	K
H	K	C	W	A	Q	L	U	A	O	Q	V	U	L	H	I
S	S	P	V	M	T	Z	F	C	G	X	L	P	X	Z	P
M	O	T	O	R	N	W	S	H	N	W	E	L	L	E	N
Y	Q	E	G	E	A	C	B	T	U	W	E	U	T	P	A
O	H	U	C	I	U	A	O	P	R	A	N	K	E	R	E
G	C	B	I	M	T	B	C	R	E	W	K	X	X	T	Z
J	O	H	W	F	I	O	R	B	K	Q	K	A	N	N	O
H	B	O	S	H	S	Y	Q	Y	L	A	H	R	P	Q	S
Z	M	X	É	D	C	Q	L	M	Ë	I	Y	O	N	I	I
M	Z	I	I	K	H	X	T	P	V	J	U	A	H	D	T
Q	M	I	L	I	T	A	N	T	E	J	S	M	K	C	P
E	E	X	J	C	E	O	K	F	B	N	N	O	C	M	O

100 - Mesures

G	R	Y	A	W	S	P	L	N	D	B	W	S	K	W	W
R	E	T	E	M	I	T	N	E	Z	E	N	Z	S	U	W
K	T	W	U	H	B	E	N	Y	B	G	Z	Q	U	F	X
L	E	H	I	C	R	G	O	A	H	L	S	I	T	S	O
I	M	S	E	C	H	N	T	R	L	T	G	S	M	S	W
T	O	L	F	F	H	Y	O	P	D	K	R	E	M	A	J
E	L	L	O	Z	T	T	U	N	I	M	A	Z	A	M	L
R	I	B	Y	T	E	F	B	L	Z	Z	D	I	R	B	U
O	K	X	I	N	P	I	U	Q	Z	R	P	L	G	R	T
P	V	S	Z	M	R	É	V	L	A	N	G	T	P	E	T
U	P	P	J	Q	T	D	J	B	C	N	Y	G	F	E	R
J	P	F	I	X	Z	P	C	D	X	R	F	G	N	T	A
D	B	P	U	O	Y	R	U	D	N	O	M	R	G	O	E
J	R	K	I	L	O	G	R	A	M	M	H	W	V	E	S
G	X	O	D	H	E	I	C	H	T	D	L	V	C	J	G
B	R	L	W	E	Q	D	V	L	I	X	K	C	J	U	W

Dictionnaire

Activités
Aktivitéiten

Activité	Aktivitéit
Art	Konscht
Artisanat	Handwierker
Camping	Campingsplaz
Chasse	Jacht
Compétence	Fäegkeet
Couture	Näh
Jardinage	Garden
Jeux	Mvp
Lecture	Liesen
Loisir	Fréischt
Magie	Magisch
Pêche	Schema
Photographie	Fotografie
Plaisir	Fleis
Randonnée	Weieren
Relaxation	Relaxatioun

Activités et Loisirs
Aktivitéiten a Fräizäit

Art	Konscht
Base-Ball	Baseball
Basket-Ball	Basket
Boxe	Box
Camping	Campingsplaz
Football	Fussbus
Golf	Golfplatz
Jardinage	Garden
Nager	Schwammen
Pêche	Schema
Plongée	Dauer
Randonnée	Weieren
Relaxant	Relaxen
Surf	Surfen
Tennis	Tennisplatz
Volley-Ball	Volleyball
Voyage	Rees

Adjectifs #1
Adjektive #1

Absolu	Absolut
Actif	Aktiv
Ambitieux	Ehrgeizig
Aromatique	Aromatisk
Artistique	Artistik
Attractif	Attraktiv
Beau	Schéin
Exotique	Exotisk
Énorme	Grouss
Généreux	Villen
Honnête	Éischt
Identique	Identisk
Important	Wichteg
Innocent	Onscholt
Jeune	Jong
Lent	Lues
Lourd	Schwéier
Mince	Dënn
Moderne	Modern
Parfait	Perfekt

Adjectifs #2
Adjektive #2

Authentique	Liesen
Célèbre	Berumt
Créatif	Kreativ
Descriptif	Deskriptiv
Doué	Giftéiert
Dramatique	Dramatisch
Élégant	Elegant
Fier	Stolz
Fort	Sterk
Intéressant	Interessant
Naturel	Naturell
Nouveau	Nei
Productif	Produktiv
Pur	Reng
Responsable	Responsable
Sain	Gesond
Salé	Salt
Sauvage	Wëllt
Sec	Drëcht
Somnolent	Schlaf

Agronomie
Agronomie

Agriculture	Landbruik
Eau	Waasser
Engrais	Dünger
Environnement	Ëmwelt
Écologie	Ökologie
Énergie	Energie
Érosion	Erosioun
Étude	Studie
Graines	Seeds
Légumes	Geméis
Maladies	Kranchen
Nourriture	Mat
Organique	Organisch
Plantes	Planzen
Pollution	Verschmutzung
Production	Produktioun
Rural	Ländlich
Science	Wëssenschaft

Algèbre
Algebra

Diagramme	Diagramm
Exposant	Exponent
Équation	Equatioun
Facteur	Faktor
Faux	Falsch
Formule	Formel
Fraction	Fraktioun
Infini	Onendlech
Linéaire	Linear
Matrice	Matrix
Nombre	Zuel
Parenthèse	Parenthes
Problème	Problem
Simplifier	Verfeichen
Solution	Lëscht
Soustraction	Subtraktion
Variable	Variabel
Zéro	Null

Antarctique
Antarktis

Baie	Bay
Baleines	Walen
Chercheur	Fuerscher
Conservation	Referenzen
Continent	Kontinent
Eau	Waasser
Environnement	Ëmwelt
Expédition	Expeditioun
Géographie	Geographie
Glace	Äis
Glaciers	Gletscher
Îles	Insel
Migration	Migratioun
Minéraux	Mineral
Oiseaux	Vuel
Péninsule	Hallinnel
Rocheux	Rocky
Scientifique	Wëssenschaft
Température	Temperatur
Topographie	Topographie

Antiquités
Antiquitéite

Art	Konscht
Authentique	Liesen
Bijoux	Bijouen
Décoratif	Dekorativ
Enchères	Auktion
Élégant	Elegant
Galerie	Galerie
Inhabituel	Ongewéinlech
Investissement	Investition
Meubles	Miwwelen
Pièces	Mënten
Prix	Präis
Qualité	Qualitéit
Restauration	Restauratioun
Sculpture	Skulptur
Siècle	Joerhonnert
Style	Stil
Valeur	Wärt
Vieux	Al

Archéologie
Archaologie

Analyse	Analys
Antiquité	Antiquität
Chercheur	Fuerscher
Civilisation	Zivilisatioun
Descendant	Nokommen
Expert	Expert
Ère	Ära
Équipe	Team
Évaluation	Evaluatioun
Fossile	Haaptsächlech
Fragments	Fragment
Inconnu	Onbekannt
Mystère	Mysterie
Objets	Gegenst
Os	Skelett
Oublié	Vergiess
Relique	Relich
Temple	Tempel
Tombe	Graf

Astronomie
Astronomie

Astéroïde	Asteroid
Astronaute	Astronaut
Astronome	Astronom.
Ciel	Himmel
Cosmos	Kosmos
Éclipse	Eclipse
Équinoxe	Equinox
Fusée	Rakéit
Galaxie	Galaxy
Lune	Mount
Météore	Meteor
Nébuleuse	Nebel
Observatoire	Observatioun
Planète	Planet
Radiation	Straling
Satellite	Sat
Solaire	Solar
Supernova	Supernova
Terre	Äerd
Univers	Universum

Aventure
Aventures

Activité	Aktivitéit
Amis	Frënn
Beauté	Schoonheid
Chance	Chance
Dangereux	Geffer
Destination	Zil
Difficulté	Schwierigkeit
Excursion	Ausflug
Inhabituel	Ongewéinlech
Itinéraire	Schäffe
Joie	Freed
Nature	Natur
Navigation	Lëtzebuerg
Nouveau	Nei
Préparation	Virbereedung
Sécurité	Safe

Avions
Fligeren

Air	Loft
Altitude	Höcht
Atmosphère	Atmosfär
Atterrissage	Landung
Aventure	Aventure
Ballon	Ballon
Carburant	Brennstoff
Ciel	Himmel
Construction	Bau
Descente	Ofstig
Direction	Richtung
Équipage	Crew
Hauteur	Héicht
Hélices	Propeller
Histoire	Historie
Hydrogène	Waasserstoff
Moteur	Motor
Passager	Passagier
Pilote	Pilot
Turbulence	Turbulenz

Barbecues
Barbecue

Chaud	Waarm
Couteaux	Messer
Déjeuner	Mëtteg
Dîner	Diner
Enfants	Kanner
Été	Summer
Faim	Hunger
Famille	Famill
Fruit	Fruucht Giess
Gril	Grill
Jeux	Mvp
Légumes	Geméis
Musique	Musik
Oignons	Ënner
Poivre	Pfeffer
Poulet	Huhn
Salades	Salate
Sauce	Sous
Sel	Salz
Tomates	Tomate

Bateaux
Schëffer

Ancre	Anker
Bouée	Buet
Canoë	Kann
Corde	Seel
Équipage	Crew
Ferry	Bevëlkerung
Fleuve	Flos
Kayak	Kayak
Lac	Séi
Marée	Flut
Marin	Militant
Mât	Mast
Mer	Mier
Moteur	Motor
Nautique	Nautisch
Océan	Ozean
Radeau	Dee
Vagues	Wellen
Voilier	Segelboot
Yacht	Yacht

Bâtiments
Gebaier

Ambassade	Ambassy
Appartement	Appartement
Cabine	Kabinn
Château	Schlos
Cinéma	Kino
École	Schoul
Garage	Garage
Grange	Scheune
Hôpital	Spidol
Hôtel	Hotel
Laboratoire	Laboratoire
Musée	Museum
Observatoire	Observatioun
Stade	Stadion
Supermarché	Supermarkt
Tente	Zelt
Théâtre	Theater
Tour	Turm
Université	Universitéit
Usine	Fabriek

Beauté
Schéinheet

Boucles	Kurlen
Charme	Charme
Ciseaux	Schere
Cosmétique	Kosmetik
Couleur	Farbig
Élégance	Eleganz
Élégant	Elegant
Grâce	Gnade
Lisse	Glat
Mascara	Wimperntusche
Miroir	Spiegel
Parfum	Duft
Peau	Haut
Photogénique	Fotogen
Rouge à Lèvres	Lippenstift
Services	Service
Shampooing	Shampoo
Styliste	Stylist

Biologie
Biologie

Anatomie	Anatomie
Bactéries	Bakterien
Cellule	Zell
Chromosome	Ofgetrennt
Collagène	Kollagen
Embryon	Embryo
Enzyme	Enzym
Évolution	Evolutioun
Hormone	Hormon
Mammifère	Déier
Mutation	Mutatioun
Naturel	Naturell
Nerf	Nerv
Neurone	Nervenzelle
Osmose	Osmos
Photosynthèse	Fotosynthese
Protéine	Protein
Reptile	Reptil
Symbiose	Symbiose
Synapse	Synap

Boxe
Boxen

Adversaire	Géigner
Arbitre	Arbitter
Cloche	Bell
Coin	Eck
Combattant	Kämpfer
Compétence	Fäegkeet
Concentrer	Fokus
Corps	Kierper
Coude	Ielebou
Coup	Kick
Épuisé	Erschöpft
Force	Kraft
Gants	Handschuh
Menton	Kënn
Poing	Fust
Récupération	Erhuelung

Camping
Campingsplaz

Amusement	Spass
Animaux	Déier
Arbres	Beem
Aventure	Aventure
Boussole	Kompass
Cabine	Kabinn
Canoë	Kann
Carte	Kaart
Chapeau	Huet
Chasse	Jacht
Corde	Seel
Feu	Fir
Forêt	Wald
Hamac	Hängematte
Insecte	Insekt
Lac	Séi
Lune	Mount
Montagne	Bierg
Nature	Natur
Tente	Zelt

Championnat
Meeschterschaft

Champion	Champion
Championnat	Championnat
Entraîneur	Trainer
Équipe	Team
Finaliste	Regner
Jeux	Mvp
Juge	Richter
Ligue	Liga
Médaille	Medail
Motivation	Motivatioun
Performance	Leeschtung
Sports	Sport
Stratégie	Strategie
Tournoi	Tournoi
Transpiration	Schweiss
Victoire	Victoire

Chimie
Chimie

Acide	Saier
Alcalin	Alkalisch
Atomique	Atomic
Carbone	Kuelestoff
Catalyseur	Katalysator
Chaleur	Hëtzt
Chlore	Chlor
Enzyme	Enzym
Électron	Elektron
Gaz	Gass
Hydrogène	Waasserstoff
Ion	Ionen
Liquide	Flëscht
Métaux	Metallen
Molécule	Molekul
Nucléaire	Nuklär
Oxygène	Sauerstoff
Poids	Gewicht
Sel	Salz
Température	Temperatur

Chocolat
Schockela

Amer	Jeremy
Cacahuètes	Erdnuss
Cacao	Kakao
Calories	Kalorien
Caramel	Karamel
Délicieux	Lescht
Doux	Séis
Exotique	Exotisk
Favori	Favorit
Goût	Fondue
Ingrédient	Um
Noix de Coco	Kokos
Qualité	Qualitéit
Recette	Rescht
Saveur	Gous
Sucre	Zucker

Conduite
Bobet

Accident	Accident
Camion	Truckt
Carburant	Brennstoff
Carte	Kaart
Danger	Gefor
Freins	Bremsen
Garage	Garage
Gaz	Gass
Licence	Lizens
Moteur	Motor
Moto	Motorrad
Piéton	Foussgänger
Police	Police
Route	Road
Sécurité	Safe
Trafic	Trafik
Transport	Transport
Tunnel	Tunnel
Vitesse	Vitesse
Voiture	Auto

Corps Humain
Mënschleche Kierper

Bouche	Mond
Cerveau	Gehier
Cheville	Ankeel
Cou	Hals
Coude	Ielebou
Cœur	Härz
Doigt	Fanger
Estomac	Mo
Épaule	Scholler
Genou	Knie
Langue	Zong
Main	Hand
Mâchoire	Kiefer
Menton	Kënn
Nez	Neus
Oreille	Ouer
Peau	Haut
Sang	Blut
Tête	Kapp
Visage	Gesicht

Créativité
Kreativitéit

Artistique	Artistik
Authenticité	Autentizitéit
Clarté	Klaritéit
Compétence	Fäegkeet
Dramatique	Dramatisch
Expression	Ausdrock
Émotions	Emotionen
Idées	Ideen
Image	Bild
Imagination	Phantasie
Inspiration	Inspiratioun
Intensité	Intensitéit
Intuition	Intuition
Inventif	Inventiv
Sensation	Sensatioun
Spontané	Spontan
Visions	Visioun
Vitalité	Vitalität

Cuisine
Kochnische

Baguettes	Stäbchen
Bol	Schoul
Bouilloire	Kettel
Congélateur	Friezer
Couteaux	Messer
Cruche	Krou
Cuillères	Lëschen
Épices	Rzen
Éponge	Schwamz
Four	Backofen
Fourchettes	Fork
Gril	Grill
Nourriture	Mat
Recette	Rescht
Réfrigérateur	Frigoen
Serviette	Service
Tablier	Schort
Tasses	Cup

Danse
Tanz

Académie	Academie
Art	Konscht
Chorégraphie	Choreographie
Classique	Klassisch
Corps	Kierper
Culture	Kultur
Culturel	Kulturell
Expressif	Kräische
Émotion	Emotion
Grâce	Gnade
Joyeux	Fréscht
Mouvement	Bewegung
Musique	Musik
Partenaire	Partner
Rythme	Rhythmus
Traditionnel	Traditionell
Visuel	Visuell

Diplomatie
Diplomatie

Ambassade	Ambassy
Ambassadeur	Ambassadeur
Citoyens	Bierger
Communauté	Gemeng
Conflit	Konflikt
Conseiller	Conseiller
Coopération	Kooperatioun
Diplomatique	Diplomatisch
Discussion	Diskussioun
Éthique	Ethik
Étranger	Auslänner
Gouvernement	Regering
Humanitaire	Dokument
Intégrité	Integritéit
Justice	Gerechtegkeet
Politique	Politik
Résolution	Opléisung
Sécurité	Sécherheet
Solution	Lëscht
Traité	Tratéi

Disciplines Scientifiques
Wissenschaftsdisziplinen

Anatomie	Anatomie
Archéologie	Archeologie
Astronomie	Astronomie
Biochimie	Biochemie
Biologie	Biologie
Botanique	Botanie
Chimie	Chemie
Écologie	Ökologie
Géologie	Geologie
Immunologie	Immunologie
Linguistique	Linguistik
Mécanique	Mechanik
Météorologie	Meteorologie
Minéralogie	Mineralogie
Neurologie	Neurologie
Physiologie	Physiologie
Psychologie	Psychologie
Sociologie	Sociologie
Thermodynamique	Thermodynamik
Zoologie	Zoologie

Eau
Waasser

Canal	Kanal
Douche	Dousch
Évaporation	Verdunstung
Fleuve	Flos
Gel	Duechteren
Geyser	Geiser
Glace	Äis
Humidité	Fiichtegkeet
Irrigation	Irrigatioun
Lac	Séi
Mousson	Monsun
Neige	Schnéi
Océan	Ozean
Ouragan	Hurrican
Pluie	Reen
Vagues	Wellen
Vapeur	Damp

Entreprise
Business

Argent	Sue
Boutique	Geschäft
Budget	Budget
Bureau	Office
Carrière	Carrière
Coût	Kost
Devise	Währung
Employeur	Employeur
Employé	Ember
Entreprise	Entreprise
Économie	Ekonomik
Finance	Finanzen
Impôts	Steieren
Investissement	Investition
Marchandise	Wuer
Profit	Gewënn
Revenu	Akommes
Transaction	Transaktion
Usine	Fabriek
Vente	Verkaf

Échecs
Schachspill

Adversaire	Géigner
Blanc	Wäiss
Champion	Champion
Concours	Concours
Diagonal	Diagonal
Jeu	Spill
Joueur	Spiller
Noir	Schwaarz
Passif	Passiv
Reine	Queen
Règles	Regelen
Roi	Keng
Sacrifice	Dunn
Stratégie	Strategie
Temps	Zeit
Tournoi	Tournoi

Énergie
Energie

Batterie	Batterie
Carbone	Kuelestoff
Carburant	Brennstoff
Chaleur	Hëtzt
Diesel	Dieselöl
Entropie	Entropie
Environnement	Ëmwelt
Essence	Benzin
Électrique	Elektrisch
Électron	Elektron
Hydrogène	Waasserstoff
Industrie	Industrie
Moteur	Motor
Nucléaire	Nuklär
Photon	Foton
Pollution	Verschmutzung
Renouvelable	Erneuerbar
Soleil	Sonn
Turbine	Turbin
Vent	Wand

Épices
Gewierzer

Aigre	Sauer
Ail	Knuewelek
Amer	Jeremy
Anis	Anis
Cannelle	Zimt
Cardamome	Kardemom
Coriandre	Koriander
Cumin	Mmel
Curcuma	Turmeich
Curry	Currypaste
Fenouil	Fenchelsamen
Gingembre	Ingwer
Muscade	Muskatnuts
Oignon	Ënner
Paprika	Paprika
Poivre	Pfeffer
Safran	Safiental
Saveur	Gous
Sel	Salz
Vanille	Vanille

Éthique
Ethik

Altruisme	Altruismus
Compassion	Mitgefühl
Coopération	Kooperatioun
Dignité	Géif
Diplomatique	Diplomatisch
Gentillesse	Gëtt
Honnêteté	Sprooch
Humanité	Mënscht
Intégrité	Integritéit
Optimisme	Optimismus
Patience	Gedold
Philosophie	Philosophie
Raisonnable	Rasonable
Rationalité	Rationalität
Réalisme	Realisme
Sagesse	Weischt
Tolérance	Toleranz

Famille
Famill

Ancêtre	Virfahre
Cousin	Koseng
Enfance	Kandheet
Enfant	Kand
Enfants	Kanner
Femme	Fra
Fille	Duechter
Frère	Brudder
Grand-Mère	Bomi
Grand-Père	Grousspapp
Mari	Mann
Maternel	Mütterlich
Mère	Mamm
Neveu	Neveu
Nièce	Niess
Oncle	Onkel
Paternel	Väterlich
Père	Papp
Soeur	Schwëster
Tante	Tant

Ferme #1
Bauerenhaff #1

Abeille	Biene
Agriculture	Landbruik
Âne	Esel
Bison	Bison
Champ	Feld
Chat	Kaz
Cheval	Päerd
Chèvre	Geess
Chien	Hond
Clôture	Fenz
Corbeau	Kräh
Eau	Waasser
Engrais	Dünger
Foin	Hei
Miel	Honig
Poulet	Huhn
Riz	Reis
Troupeau	Herde
Vache	Kuh
Veau	Kalf

Ferme #2
Bauerenhaff #2

Agneau	Lamm
Agriculteur	Bauer
Animaux	Déier
Blé	Weess
Canard	Ente
Fruit	Fruucht Giess
Grange	Scheune
Irrigation	Irrigatioun
Lait	Mëllech
Lama	Lama
Légume	Geméis
Maïs	Mais
Mouton	Schaf
Nourriture	Mat
Orge	Gerär
Pré	Wiese
Tracteur	Traktor
Verger	Orchard

Fleurs
Blummen

Bouquet	Blumenstrauss
Gardénia	Gardenie
Hibiscus	Hibiskus
Jasmin	Jasmin
Lavande	Lavendel
Lilas	Violette
Lys	Lilie
Magnolia	Magnolie
Marguerite	Daisy
Orchidée	Orchidee
Pavot	Mohn
Pissenlit	Wenzahn
Pivoine	Pfingstrose
Tournesol	Sonneblem
Trèfle	Klee
Tulipe	Tulip

Force et Gravité
Kraaft a Schwéierkraaft

Axe	Achs
Centre	Centre
Découverte	Entdeckung
Distance	Distanz
Dynamique	Dynamisch
Expansion	Expansioun
Magnétisme	Magnetisme
Mécanique	Mechanik
Orbite	Orbit
Physique	Physik
Poids	Gewicht
Pression	Drock
Propriétés	Eegeschaft
Temps	Zeit
Universel	Universell
Vitesse	Vitesse

Forêt Tropicale
Regenwald

Amphibiens	Amphibie
Botanique	Zäre
Climat	Klima
Communauté	Gemeng
Diversité	Diversitéit
Insectes	Insekten
Mammifères	Ugetieren
Mousse	Moos
Nature	Natur
Nuage	Wolken
Oiseaux	Vuel
Précieux	Wëscht
Préservation	Referenzen
Refuge	Zuflucht
Respect	Respekt
Restauration	Restauratioun
Survie	Iwwerliewe

Formes
Formen

Arc	Arc
Bords	Kante
Cercle	Krees
Coin	Eck
Courbe	Kurv
Cône	Kegel
Côté	Säit
Cube	Megaminx
Cylindre	Zylinder
Ellipse	Ellips
Hyperbole	Hyperbel
Ligne	Linn
Ovale	Oval
Polygone	Polygon
Prisme	Prisma
Rectangle	Rechteck
Triangle	Drieekel

Fournitures d'Art
Konscht Ëmgeréits

Acrylique	Acryl
Aquarelles	Wasserfarbe
Argile	Nieweflëss
Brosses	Bëscht
Caméra	Kamera
Chaise	Hl
Chevalet	Staffelei
Colle	Leim
Crayons	Bleistifte
Créativité	Kreativitéit
Eau	Waasser
Encre	Tinte
Gomme	Radiergummi
Huile	Ueleg
Idées	Ideen
Papier	Papier
Table	Tabel

Fruit
Fruucht Giess

Abricot	Aprikose
Ananas	Anans
Avocat	Avocado
Baie	Berry
Banane	Banan
Cerise	Kirsche
Citron	Zitrone
Figue	Um
Framboise	Hambier
Goyave	Guave
Kiwi	Kiwi
Mangue	Mango
Melon	Meloun
Nectarine	Nektarin
Orange	Orange
Papaye	Papaya
Pêche	Piisch
Poire	Birne
Pomme	Apel
Raisin	Drauf

Géographie
Geographie

Altitude	Höcht
Atlas	Atlas
Carte	Kaart
Continent	Kontinent
Fleuve	Flos
Hémisphère	Hemisphär
Île	Insel
Latitude	Breedegrad
Mer	Mier
Méridien	Meridian
Monde	Welt
Montagne	Bierg
Nord	Norden
Océan	Ozean
Ouest	Westen
Pays	Land
Région	Regioun
Sud	Süden
Territoire	Territoire
Ville	Stad

Géologie
Geologie

Acide	Saier
Calcium	Kalcium
Caverne	Hiel
Continent	Kontinent
Corail	Korallen
Couche	Plang
Cristaux	Kristallen
Érosion	Erosioun
Fondu	Schmëlzen
Fossile	Haaptsächlech
Geyser	Geiser
Lave	Lava
Minéraux	Mineral
Pierre	Stein
Plateau	Plateau
Quartz	Quarz
Sel	Salz
Stalactite	Stalaktit
Volcan	Vulkan
Zone	Zon

Géométrie
Geometrie

Angle	Engel
Calcul	Berechning
Cercle	Krees
Courbe	Kurv
Diamètre	Duerchmiesser
Dimension	Dimensioun
Équation	Equatioun
Hauteur	Héicht
Logique	Logik
Masse	Mass
Médian	Mediane
Nombre	Zuel
Parallèle	Parallel
Proportion	Undeel
Segment	Segment
Surface	Uewerfläch
Symétrie	Symmetrie
Théorie	Theorie
Triangle	Drieekel
Vertical	Vertikal

Gouvernement
Regierung

Citoyenneté	Biergerschäft
Civil	Zivil
Constitution	Verfassung
Démocratie	Demokratie
Discours	Ried
Discussion	Diskussioun
Droits	Rechter
Égalité	Gläichheet
État	Stat
Judiciaire	Gerichtlich
Justice	Gerechtegkeet
Leader	Leider
Liberté	Liberty
Loi	Gesetz
Monument	Monument
Nation	Nation
Paisible	Roueg
Politique	Politik
Symbole	Symbol

Herboristerie
Herbalismus

Ail	Knuewelek
Aromatique	Aromatisk
Basilic	Basilikum
Bénéfique	Benefiziell
Culinaire	Kulinary
Estragon	Estragon
Fenouil	Fenchelsamen
Fleur	Bloem
Ingrédient	Um
Jardin	Garden
Lavande	Lavendel
Marjolaine	Majoran
Menthe	Minze
Persil	Petersilie
Qualité	Qualitéit
Romarin	Rosmarin
Safran	Safiental
Saveur	Gous
Thym	Thimei
Vert	Gréng

Ingénierie
Engineering

Angle	Engel
Axe	Achs
Calcul	Berechning
Construction	Bau
Diagramme	Diagramm
Diamètre	Duerchmiesser
Diesel	Dieselöl
Distribution	Verdeelung
Énergie	Energie
Force	Kraft
Leviers	Hiewele
Liquide	Flëscht
Machine	Maschin
Mesure	Miessung
Moteur	Motor
Profondeur	Déift
Propulsion	Undriff
Stabilité	Stabilitéit
Structure	Struktur

Insectes
Insekten

Abeille	Biene
Cafard	Kakerlake
Cigale	Zikade
Coccinelle	Déischlecht
Fourmi	Ameise
Guêpe	Wespe
Larve	Larve
Libellule	Libelle
Mante	Mantis
Moustique	Mücke
Papillon	Päiperlek
Puce	Flau
Puceron	Blattlaus
Sauterelle	Heuschrecke
Scarabée	Käfer
Termite	Termite
Ver	Wurm

Instruments de Musique
Musikalesch Instrumenter

Banjo	Hohlschrauben
Basson	Bassun
Clarinette	Klarinett
Flûte	Fl
Gong	Gong
Guitare	Gitar
Harpe	Harfe
Hautbois	Oboe
Mandoline	Mandoline
Marimba	Marimbas
Percussion	Perkussion
Piano	Piano
Saxophone	Saxophon
Tambour	Drum
Tambourin	Tamburin
Trombone	Bassposaune
Trompette	Trompet
Violon	Gei
Violoncelle	Cello

Jardinage
Gaardenaarbecht

Botanique	Zäre
Bouquet	Blumenstrauss
Climat	Klima
Comestible	Essbar
Compost	Kompost
Eau	Waasser
Exotique	Exotisk
Feuillage	Blëtt
Feuille	Blat
Fleur	Bléi
Graines	Seeds
Humidité	Fiichtegkeet
Récipient	Container
Saisonnier	Saisonal
Saleté	Schmutz
Tuyau	Schauch
Verger	Orchard

Jazz
Jazz

Accent	Beton
Album	Album
Artiste	Kënschtler
Célèbre	Berumt
Chanson	Lidd
Compositeur	Komponist.
Concert	Concert
Favoris	Favoriten
Musique	Musik
Nouveau	Nei
Orchestre	Orchester
Rythme	Rhythmus
Style	Stil
Talent	Talent
Tambours	Drum
Technique	Teknikk
Vieux	Al

Jours et Mois
Deeg a Méint

Août	August
Avril	Abrëll
Calendrier	Kalender
Dimanche	Sonnde
Février	Februar
Janvier	Januar
Jeudi	Donneschdeg
Juillet	Juli
Juin	Juni
Lundi	Méindeg
Mardi	Dënschdeg
Mars	Mäerz
Mercredi	Mëttwoch
Mois	Mount
Novembre	November
Octobre	Oktober
Samedi	Samschdeg
Semaine	Woch
Septembre	September
Vendredi	Freideg

L'Entreprise
Entreprise

Affaires	Business
Créatif	Kreativ
Décision	Entscheedung
Emploi	Csv
Industrie	Industrie
Innovant	Innovativ
Investissement	Investition
Possibilité	Méiglechkeet
Présentation	Presentatioun
Produit	Produit
Progrès	Fortschrëtt
Qualité	Qualitéit
Ressources	Ressourcen
Revenu	Recetten
Réputation	Ruff
Risques	Risken
Unités	Eenheeten

Les Abeilles
Beien

Ailes	Wings
Bénéfique	Benefiziell
Cire	Wachs
Diversité	Diversitéit
Essaim	Schwarm
Écosystème	Ökosystem
Fleur	Bléi
Fleurs	Blummen
Fruit	Fruucht Giess
Fumée	Fauch
Insecte	Insekt
Jardin	Garden
Miel	Honig
Nourriture	Mat
Plantes	Planzen
Pollen	Pollen
Pollinisateur	Bestäuber
Reine	Queen
Ruche	Bienenkorb
Soleil	Sonn

Légumes
Geméis

Ail	Knuewelek
Algue	Alge
Artichaut	Artischocke
Aubergine	Eegplant
Brocoli	Brokkoli
Carotte	Karrot
Céleri	Sellerie
Citrouille	Kürbis
Concombre	Gurke
Échalote	Schallot
Épinard	Spinat
Gingembre	Ingwer
Navet	Troppel
Oignon	Ënner
Olive	Oliv
Persil	Petersilie
Pois	Erbse
Radis	Radisch
Salade	Salat
Tomate	Tomat

Littérature
Literatur

Analogie	Analogie
Analyse	Analys
Anecdote	Anekdot
Auteur	Auteur
Biographie	Biographie
Comparaison	Verglech
Conclusion	Fazit
Description	Beschreiwung
Dialogue	Dialog
Fiction	Fiktion
Métaphore	Metapher
Narrateur	Erzieler
Poème	Gedich
Poétique	Poetisk
Rime	Reim
Roman	Roman
Rythme	Rhythmus
Style	Stil
Thème	Thema
Tragédie	Tragedie

Livres
Bicher

Auteur	Auteur
Aventure	Aventure
Collection	Sammel
Contexte	Kontext
Dualité	Dualität
Épique	Episch
Histoire	Geschicht
Historique	Historisk
Humoristique	Humorvoll
Inventif	Inventiv
Lecteur	Lieser
Littéraire	Literaire
Narrateur	Erzieler
Page	Säit
Pertinent	Relevant
Poème	Gedich
Poésie	Poësie
Roman	Roman
Série	Serie
Tragique	Tragisch

Maison
Haus

Balai	Besen
Bibliothèque	Bibliotek
Chambre	Summer
Cheminée	Kamin
Clés	Pfeiltasten
Clôture	Fenz
Cuisine	Kochnische
Douche	Dousch
Fenêtre	Fënster
Garage	Garage
Grenier	Dachboden
Jardin	Garden
Lampe	Lampe
Miroir	Spiegel
Mur	Mauer
Plafond	Decken
Porte	Dier
Sous-Sol	Keller
Tapis	Spaweck
Toit	Dach

Maladie
Krankheet

Abdominal	Bauch
Allergies	Allergien
Bactérien	Bakterial
Chronique	Chronesch
Contagieux	Ustiechend
Corps	Kierper
Cœur	Härz
Faible	Schwacht
Génétique	Genetisch
Héréditaire	Verierwen
Immunité	Immunitéit
Inflammation	Entzündung
Neuropathie	Neuropathie
Os	Skelett
Respiratoire	Atemwege
Santé	Gesondheet
Syndrome	Syndrom
Thérapie	Therapie

Mammifères
Mamendéieren

Baleine	Wal
Chat	Kaz
Cheval	Päerd
Chien	Hond
Coyote	Kojote
Dauphin	Delphin
Éléphant	Elefant
Girafe	Giraff
Gorille	Gorilla
Kangourou	Känguru
Lapin	Huet
Lion	Louw
Loup	Wolf
Mouton	Schaf
Ours	Gebären
Renard	Fuchs
Singe	Af
Taureau	Bull
Tigre	Tiger
Zèbre	Zebra

Mesures
Miessunge

Centimètre	Zentimeter
Degré	Grad
Décimal	Dezimal
Gramme	Gramm
Hauteur	Héicht
Kilogramme	Kilogramm
Kilomètre	Kilometer
Largeur	Breet
Litre	Liter
Longueur	Längt
Masse	Mass
Mètre	M
Minute	Minutt
Octet	Byte
Once	Onz
Poids	Gewicht
Pouce	Zoll
Profondeur	Déift
Tonne	Tonn

Méditation
Meditatioun

Acceptation	Unhuele
Calme	Roueg
Clarté	Klaritéit
Compassion	Mitgefühl
Enseignements	Léier
Esprit	Geescht
Émotions	Emotionen
Éveillé	Wakkert
Gentillesse	Gëtt
Gratitude	Dankbarkeit
Mental	Geistig
Mouvement	Bewegung
Musique	Musik
Nature	Natur
Paix	Fridde
Perspective	Perspektiv
Respiration	Omtem
Silence	Stille

Météo
Wieder

Arc-En-Ciel	Reebou
Atmosphère	Atmosfär
Brise	Brise
Brouillard	Niwwel
Calme	Roueg
Ciel	Himmel
Climat	Klima
Glace	Äis
Mousson	Monsun
Nuage	Wolken
Ouragan	Hurrican
Polaire	Polar
Sec	Drëcht
Sécheresse	Dürre
Température	Temperatur
Tempête	Sturm
Tonnerre	Donner
Tornade	Tornado
Tropical	Tropisk
Vent	Wand

Musique
Musek

Album	Album
Ballade	Ballade
Chanter	Seng
Chanteur	Senger
Classique	Klassisch
Enregistrement	Foto
Harmonie	Harmonie
Harmonique	Harmonik
Instrument	Instrument
Lyrique	Lyrisch
Mélodie	Melodie
Microphone	Stecker
Musical	Musikal
Musicien	Musiker
Opéra	Opera
Poétique	Poetisk
Rythme	Rhythmus
Rythmique	Rhythmisch
Tempo	Tempo
Vocal	Vokal

Mythologie
Mythologie

Archétype	Archetyp
Catastrophe	Katastroph
Ciel	Himmel
Comportement	Verhale
Création	Schafung
Créature	Kreatur
Croyances	Berzeugungen
Culture	Kultur
Éclair	Blëtt
Force	Kraft
Guerrier	Krieger
Héros	Held
Jalousie	Jalousie
Labyrinthe	Labyrint
Légende	Seeche
Monstre	Monster
Mortel	Spaweck
Tonnerre	Donner
Vengeance	Rache

Nature
Natur

Abeilles	Beien
Animaux	Déier
Arctique	Arktis
Beauté	Schoonheid
Brouillard	Niwwel
Désert	Ste
Dynamique	Dynamisch
Érosion	Erosioun
Feuillage	Blëtt
Fleuve	Flos
Forêt	Wald
Glacier	Glazier
Nuage	Wolken
Paisible	Roueg
Sanctuaire	Hellegtum
Sauvage	Wëllt
Serein	Heiter
Tropical	Tropisk
Vital	Entscheedend

Nombres
Zuelen

Cinq	Fënnef
Deux	Zwee
Décimal	Dezimal
Dix	Zéng
Dix-Huit	Uechtzéng
Dix-Neuf	Nonzéng
Dix-Sept	Siebzehn
Douze	Zwielef
Huit	Aacht
Neuf	Néng
Quatorze	Véierzéng
Quatre	Vier
Quinze	Fofzéng
Seize	Sechzehn
Sept	Sewen
Six	Sechs
Treize	Dräizéng
Trois	Dräi
Vingt	Zwanzeg
Zéro	Null

Nourriture #1
Iessen #1

Ail	Knuewelek
Basilic	Basilikum
Café	Kaffe
Cannelle	Zimt
Carotte	Karrot
Citron	Zitrone
Épinard	Spinat
Fraise	Äerdbier
Jus	Juss
Lait	Mëllech
Navet	Troppel
Oignon	Ënner
Orge	Gerär
Poire	Birne
Salade	Salat
Sel	Salz
Soupe	Zopp
Sucre	Zucker
Thon	Tunn
Viande	Fleesch

Nourriture #2
Alimentatioun #2

Amande	Mandel
Aubergine	Eegplant
Banane	Banan
Blé	Weess
Brocoli	Brokkoli
Cerise	Kirsche
Céleri	Sellerie
Chocolat	Schockela
Jambon	Schinken
Kiwi	Kiwi
Mangue	Mango
Oeuf	Eeg
Pain	Brout
Pêche	Piisch
Poisson	Fisch
Pomme	Apel
Poulet	Huhn
Raisin	Drauf
Riz	Reis
Tomate	Tomat

Nutrition
Ernierung

Amer	Jeremy
Appétit	Appetit
Calories	Kalorien
Comestible	Essbar
Diète	Diét
Digestion	Verdauung
Épices	Rzen
Équilibré	Ausgewoge
Fermentation	Gärung
Glucides	Kolhydrate
Liquides	Ssigkeiten
Poids	Gewicht
Protéines	Protein
Qualité	Qualitéit
Sain	Gesond
Santé	Gesondheet
Sauce	Sous
Saveur	Gous
Toxine	Toxin
Vitamine	Vitamin

Océan
Ozean

Algue	Alge
Anguille	Aal
Baleine	Wal
Bateau	Boot
Corail	Korallen
Crabe	Krabbe
Crevette	Garnele
Dauphin	Delphin
Éponge	Schwamz
Huître	Auster
Méduse	Qualle
Poisson	Fisch
Poulpe	Krake
Requin	Hai
Récif	Riff
Sel	Salz
Tempête	Sturm
Thon	Tunn
Tortue	Deckelsmouk
Vagues	Wellen

Oiseaux
Villercher

Aigle	Adler
Autruche	Struus
Canard	Ente
Cigogne	Storch
Colombe	Douwen
Corbeau	Kräh
Coucou	Kuck
Cygne	Swan
Héron	Reiher
Manchot	Pinguin
Moineau	Spauer
Mouette	Möve
Oeuf	Eeg
Oie	Gäis
Paon	Pavo
Perroquet	Papagei
Pélican	Pelikan
Pigeon	Columba
Poulet	Huhn
Toucan	Toucan

Pays #1
Länner #1

Allemagne	Däitschland
Argentine	Argentinien
Brésil	Brasilien
Canada	Kanada
Espagne	Spuenien
Équateur	Ecuador
Finlande	Finnland
Inde	Indien
Israël	Israel
Italie	Italien
Libye	Libyen
Mali	Mali
Maroc	Marokko
Nicaragua	Anastasio
Norvège	Norwegen
Panama	Panama
Philippines	Philippinnen
Pologne	Polen
Roumanie	Rumänien
Venezuela	Venezuela

Pays #2
Länner, #2

Albanie	Albanien
Chine	Chinesesch
Danemark	Nemark
France	Frankräich
Haïti	Haïti
Indonésie	Ageloggt
Irlande	Irland
Jamaïque	Jamaika
Japon	Japan
Kenya	Kenia
Laos	Laos
Liban	Libanon
Mexique	Mexiko
Ouganda	Ugana
Pakistan	Pakistan
Russie	Russland
Somalie	Somalia
Soudan	Sudan
Syrie	Syrien
Ukraine	Ukrain

Paysages
Landschaften

Cascade	Waasserfall
Colline	Hill
Désert	Ste
Estuaire	Etuary
Fleuve	Flos
Geyser	Geiser
Glacier	Glazier
Grotte	Hiel
Iceberg	Robin
Île	Insel
Lac	Séi
Marais	Sumpf
Mer	Mier
Montagne	Bierg
Oasis	Oas
Péninsule	Hallinnel
Plage	Strand
Toundra	Tundra
Vallée	Dall
Volcan	Vulkan

Physique
Physik

Accélération	Zwee
Atome	Atom
Chaos	Chaos
Chimique	Chemesch
Densité	Dicht
Électron	Elektron
Formule	Formel
Fréquence	Frequenz
Gaz	Gass
Gravité	Gravitéit
Magnétisme	Magnetisme
Masse	Mass
Mécanique	Mechanik
Molécule	Molekul
Moteur	Motor
Nucléaire	Nuklär
Particule	Partikel
Relativité	Relativitéit
Universel	Universell
Vitesse	Vitesse

Plage
Strand

Bateau	Boot
Bleu	Blo
Côte	Küst
Crabe	Krabbe
Île	Insel
Lagune	Lagun
Mer	Mier
Océan	Ozean
Parapluie	Dirschen
Récif	Riff
Sable	Sand
Sandales	Sandale
Serviette	Handduch
Soleil	Sonn
Vacances	Vakanz
Voilier	Segelboot

Plantes
Planzen

Arbre	Bam
Baie	Berry
Bambou	Bambu
Botanique	Botanie
Buisson	Busch
Cactus	Kaktus
Engrais	Dünger
Feuillage	Blëtt
Fleur	Bloem
Flore	Flora
Forêt	Wald
Grandir	Wuesse
Haricot	Banen
Herbe	Gras
Jardin	Garden
Lierre	Efeu
Mousse	Moos
Racine	Root
Tige	Stammzelle
Végétation	Vegetatioun

Professions #1
Beruffer #1

Ambassadeur	Ambassadeur
Artiste	Kënschtler
Astronome	Astronom.
Avocat	Avocat
Banquier	Banquier
Bijoutier	Jeweller
Cartographe	Kartograph
Chasseur	Jeeër
Danseur	Dänzer
Entraîneur	Trainer
Éditeur	Editor
Géologue	Geolog
Infirmière	Klechter
Médecin	Dokter
Musicien	Musiker
Pianiste	Pianist
Plombier	Plummer
Pompier	Feuerwehrmann
Psychologue	Psycholog
Vétérinaire	Tierarzt

Professions #2
Beruffer #2

Astronaute	Astronaut
Bibliothécaire	Bibliothéik
Biologiste	Biolog
Chercheur	Fuerscher
Chirurgien	Chirurg
Dentiste	Zahnarzt
Détective	Detektiv
Enseignant	Léierin
Illustrateur	Illustrateur
Ingénieur	Ingenieur
Inventeur	Erfinder
Jardinier	Gärtner
Journaliste	Journalist
Linguiste	Zu Useldeng
Médecin	Dokter
Peintre	Maler
Philosophe	Philosoph.
Photographe	Fotograf
Pilote	Pilot
Zoologiste	Zoolog

Psychologie
Psychologie

Clinique	Klinisch
Cognition	Wahrnehmung
Comportement	Verhale
Conflit	Konflikt
Ego	Superheld
Enfance	Kandheet
Émotions	Emotionen
Évaluation	Bewäertung
Idées	Ideen
Inconscient	Onbewusst
Pensées	Gëtt
Perception	Perseptioun
Personnalité	Personalitéit
Problème	Problem
Réalité	Realitéit
Rêves	Dremmen
Sensation	Sensatioun
Thérapie	Therapie

Randonnée
Wanderen

Animaux	Déier
Bottes	Stiwwele
Camping	Campingsplaz
Carte	Kaart
Climat	Klima
Eau	Waasser
Falaise	Klipp
Fatigué	Midd
Lourd	Schwéier
Montagne	Bierg
Nature	Natur
Orientation	Orientatioun
Parcs	Parken
Pierres	Stein
Préparation	Virbereedung
Sauvage	Wëllt
Soleil	Sonn
Sommet	Spëtzt

Restaurant #2
Restaurant #2

Chaise	HI
Cuillère	Lëscht
Déjeuner	Mëtte
Délicieux	Lescht
Dîner	Diner
Eau	Waasser
Épices	Rzen
Fourchette	Forschett
Fruit	Fruucht Giess
Gâteau	Kachen
Glace	Äis
Légumes	Geméis
Poisson	Fisch
Salade	Salat
Sel	Salz
Serveur	Water
Soupe	Zopp

Salle de Bains
Buedzëmmer

Bain	Bad
Bulles	Bubbels
Ciseaux	Schere
Douche	Dousch
Eau	Waasser
Éponge	Schwamz
Lotion	Lotion
Miroir	Spiegel
Parfum	Parfum
Robinet	Wasserhahn
Savon	Seef
Serviette	Handduch
Shampooing	Shampoo
Tapis	Spaweck
Toilette	Wc
Vapeur	Damp

Santé et Bien-Être #1
Gesondheet a Wellness #1

Actif	Aktiv
Bactéries	Bakterien
Blessure	Blescht
Clinique	Klinik
Faim	Hunger
Fracture	Fraktur
Habitude	Gewohnheit
Hauteur	Héicht
Hormone	Hormon
Médecin	Dokter
Médicament	Medizin
Muscles	Muskelen
Os	Skelett
Peau	Haut
Pharmacie	Apdikt
Relaxation	Relaxatioun
Réflexe	Reflex
Thérapie	Therapie
Traitement	Behandling
Virus	Virus

Santé et Bien-Être #2
Gesondheet a Wellness #2

Allergie	Allergie
Anatomie	Anatomie
Appétit	Appetit
Calorie	Kalorie
Corps	Kierper
Déshydratation	Dehydratioun
Énergie	Energie
Génétique	Genetik
Hôpital	Spidol
Hygiène	Hygiene
Infection	Quelltext
Maladie	Krankheit
Massage	Massage
Nutrition	Ernährung
Poids	Gewicht
Récupération	Erhuelung
Sain	Gesond
Sang	Blut
Stress	Stress
Vitamine	Vitamin

Science
Wëssenschaft

Atome	Atom
Chimique	Chemesch
Climat	Klima
Données	Date
Expérience	Experiment
Évolution	Evolutioun
Fait	Fakt
Fossile	Haaptsächlech
Gravité	Gravitéit
Hypothèse	Hypothes
Laboratoire	Laboratoire
Méthode	Methode
Minéraux	Mineral
Molécules	Molekulen
Nature	Natur
Particules	Partikel
Physique	Physik
Plantes	Planzen

Science-Fiction
Science Fiktioun

Atomique	Atomic
Cinéma	Kino
Dystopie	Dystopie
Explosion	Explosioun
Extrême	Extrem
Fantastique	Fantastisk
Feu	Fir
Futuriste	Futuristisch
Galaxie	Galaxy
Illusion	Illusioun
Imaginaire	Imaginär
Livres	Chern
Monde	Welt
Mystérieux	Geheimnisvoll
Oracle	Orakel
Planète	Planet
Robots	Roboter
Technologie	Technologie
Utopie	Utopie

Sports
Sport

Arbitre	Arbitter
Athlète	Athlet
Base-Ball	Baseball
Basket-Ball	Basket
Championnat	Championnat
Entraîneur	Trainer
Équipe	Team
Gagnant	Gewënner
Golf	Golfplatz
Gymnase	Fitnessraum
Gymnastique	Eriwwer.
Hockey	Eishockey
Jeu	Spill
Joueur	Spiller
Mouvement	Bewegung
Stade	Stadion
Tennis	Tennisplatz
Vélo	Veel

Technologie
Technologie

Blog	Blog
Caméra	Kamera
Curseur	Cursor
Données	Date
Écran	Écran
Fichier	Datei
Internet	Internet
Logiciel	Software
Message	Homepage.
Navigateur	Browser
Numérique	Digital
Octets	Byte
Ordinateur	Computer
Sécurité	Sécherheet
Statistiques	Statistik
Virtuel	Mei
Virus	Virus

Temps
Zäit

Année	Joer
Annuel	Annuell
Après	No
Avant	Fir
Bientôt	Geschw
Calendrier	Kalender
Décennie	Dekade
Futur	Zukunft
Heure	Stonn
Hier	Gestern
Horloge	Auer
Jour	Dag
Maintenant	Elo
Matin	Moien
Midi	Meiden
Minute	Minutt
Mois	Mount
Nuit	Nuecht
Semaine	Woch
Siècle	Joerhonnert

Types de Cheveux
Hoer Zorte

Blanc	Wäiss
Blond	Blond
Boucles	Kurlen
Brillant	Schnëtt
Chauve	Kahl
Court	Kort
Doux	Mëll
Épais	Deck
Frisé	Curleg
Gris	Gro
Lisse	Glat
Long	Lang
Marron	Brong
Mince	Dënn
Noir	Schwaarz
Sain	Gesond
Sec	Drëcht
Tressé	Flechten

Univers
Universum

Astéroïde	Asteroid
Astronome	Astronom.
Astronomie	Astronomie
Atmosphère	Atmosfär
Ciel	Himmel
Cosmique	Kosmisch
Équateur	Equator
Galaxie	Galaxy
Hémisphère	Hemisphär
Horizon	Horizont
Latitude	Breedegrad
Longitude	Längt
Lune	Mount
Obscurité	Däischtert
Orbite	Orbit
Solaire	Solar
Solstice	Sonnenwende
Télescope	Teleskop
Visible	Gesinn
Zodiaque	Tierkreis

Vacances #2
- Vakanz - #2

Aéroport	Fluchhafen
Camping	Campingsplaz
Carte	Kaart
Destination	Zil
Étranger	Auslänner
Hôtel	Hotel
Île	Insel
Loisir	Fréischt
Mer	Mier
Passeport	Pass
Plage	Strand
Taxi	Nieweroll
Tente	Zelt
Train	Zuch
Transport	Transport
Visa	Visa
Voyage	Reis

Véhicules
Nutzfahrzeuge

Ambulance	Krankenwagen
Avion	Fléier
Bus	Bus
Camion	Truckt
Caravane	Roulotten
Ferry	Bevëlkerung
Fusée	Rakéit
Hélicoptère	Helikopter
Métro	Bunn
Moteur	Motor
Pneus	Pneuen
Radeau	Dee
Scooter	Roller
Sous-Marin	Boot
Taxi	Nieweroll
Tracteur	Traktor
Train	Zuch
Vélo	Veel
Voiture	Auto

Vêtements
Kleedung

Bracelet	Armband
Ceinture	Ceinture
Chapeau	Huet
Chaussure	Schoen
Chemise	T-Shirt
Chemisier	Bluse
Collier	Kette
Foulard	Schal
Gants	Handschuh
Jeans	Jean
Jupe	Rock
Manteau	Mantel
Mode	Mode
Pantalon	Box
Pull	Pullovere
Pyjama	Schlafanzug
Robe	Kleid
Sandales	Sandale
Tablier	Schort
Veste	Jacke

Ville
Stad

Aéroport	Fluchhafen
Banque	Bank
Bibliothèque	Bibliotek
Boulangerie	Bäckerei
Cinéma	Kino
Clinique	Klinik
École	Schoul
Fleuriste	Florist
Galerie	Galerie
Hôtel	Hotel
Librairie	Bookshop
Magasin	Späicheren
Marché	Maart
Musée	Museum
Pharmacie	Apdikt
Stade	Stadion
Supermarché	Supermarkt
Théâtre	Theater
Université	Universitéit
Zoo	Zoo

Félicitations

Vous avez réussi !

Nous espérons que vous avez apprécié ce livre autant que nous avons pris plaisir à le concevoir. Nous faisons de notre mieux pour créer des livres de la meilleure qualité possible.
Cette édition est conçue pour permettre un apprentissage intelligent et de qualité en se divertissant !

Vous avez aimé ce livre ?

Une Simple Demande

Nos livres existent grâce aux avis que vous publiez. Pourriez-vous nous aider en laissant un avis maintenant ?

Voici un lien rapide qui vous mènera à votre page d'évaluation de vos commandes :

BestBooksActivity.com/Avis50

CHALLENGE FINAL !

Défi n°1

Êtes-vous prêt pour votre jeu bonus ? Nous les utilisons tout le temps mais ils ne sont pas si faciles à trouver. Voici les **Synonymes** !

Notez 5 mots que vous avez trouvés dans les puzzles notés ci-dessous (n°21, n°36, n°76) et essayez de trouver 2 synonymes pour chaque mot.

Notez 5 Mots du ***Puzzle 21***

Mots	Synonyme 1	Synonyme 2

Notez 5 Mots du ***Puzzle 36***

Mots	Synonyme 1	Synonyme 2

Notez 5 Mots du ***Puzzle 76***

Mots	Synonyme 1	Synonyme 2

Défi n°2

Maintenant que vous vous êtes échauffé, notez 5 mots que vous avez découverts dans les Puzzles n° 9, n° 17, n° 25 et essayez de trouver 2 antonymes pour chaque mot. Combien pouvez-vous en trouver en 20 minutes ?

Notez 5 Mots du ***Puzzle 9***

Mots	Antonyme 1	Antonyme 2

Notez 5 Mots du ***Puzzle 17***

Mots	Antonyme 1	Antonyme 2

Notez 5 Mots du ***Puzzle 25***

Mots	Antonyme 1	Antonyme 2

Défi n°3

Formidable ! Ce défi final  n'est rien pour vous.

Prêt pour le dernier défi ? Choisissez 10 mots que vous avez découverts parmi les différents puzzles et notez-les ci-dessous.

1.	6.
2.	7.
3.	8.
4.	9.
5.	10.

Maintenant, composez un texte en pensant à une personne, un animal ou un lieu que vous aimez !

Astuce: Vous pouvez utiliser la dernière page de ce livre comme brouillon !

Votre Composition :

CARNET DE NOTES :

À TRÈS BIENTÔT !

Toute l'équipe

www.ingramcontent.com/pod-product-compliance
Lightning Source LLC
Chambersburg PA
CBHW082206120626
46553CB00010B/3035